著
はるき
Haruki

人見知りだった僕が
アメリカで9年暮らして見つけた

超自分軸で夢を叶える39のルール

KADOKAWA

はじめに

本書を手に取ってくださり、ありがとうございます。

小学生時代、夏休みの読書感想文の宿題が嫌いだった。そんな20年前の自分に、将来、本を出版すると伝えても、きっと信じてもらえないだろう。

僕はYouTubeでアメリカでの日常生活を発信している。

日本人学生向けの奨学金の支援やプロデューサーとしての仕事もアメリカで行い、日々心がワクワクすることを追い続けながら暮らしている。

本格的にアメリカでの暮らしを始めたのは、UpstateNY（ニューヨーク州のニューヨーク市とその近くの生活圏を除く、ニューヨーク州北部の地域を通称する言葉）の大学に入学したとき。

アメリカ生活も10年目になる。

大学ではスポーツ科学キネシオロジー（運動機能学）を専攻し、スポーツトレーナーを目指して勉強していた。けれど怪我をしてしまい、失意の中、日常生活をブログ風に紹介するYouTubeを始めた。大学の同級生であり、アメリカ人の彼女と出会ってつきあい始め、その経過もYouTubeで紹介し、みんなの応援もあって2022年に国際結婚。フロリダ州オーランドに引っ越してきた。交際期間も含めて5年以上一緒にいたけれど、2024年、離婚した。

でも彼女にはとても感謝している。

僕は「なりたい自分」を追い求め、今、ここに立っている。そして、これからの新たな挑戦もとても楽しみだ。この本の最後で少しシェアできればと思う。

日本では不登校になり、中二病をこじらせていた僕が、英語の素晴らしさに出会い、「英語を話せる人になりたい」と無心に努力し、ここにたどり着いた。

もちろん、まだ終着点ではないけれども。

日本人がアメリカに来て何かを成し遂げるって想像以上に覚悟が必要。

アメリカの大学に在学中、100人以上の日本人を見てきたけれど、気がつけばアメリカに残ったのは僕1人だった。

というのも、アメリカでの生活は群れから離れることだから。日本語で何か話したいと思っても、そうはいかない。日本の家族や友達に電話して話したくても時差があって難しい。

一からつながりを作る必要があり、1人での成長を求められる場所だ。

僕も何度も落ち込みながら、いやここで頑張ろうと持ちこたえてきた。

アメリカに来てからは、あらゆる場面で「自分」を意識させられた。映画を1本観ても討論するし、自分の考えをオープンに話すことが常に求められる。

何かにつけて、「はるきはどう思う?」と聞かれる。若者同士で政治の話をすることも多いが、まずは「自分」がどんな社会を望んでいるのか、どんな思想があるのか**自分の意見を持たないと、何も考えていない中身のない人**だと思われてしまう。

アメリカはさまざまな人種や文化、家庭環境の人々が混ざり合って生活している国だから、口に出して言わないと伝わらないことも多い。ガンガン自己主張してくる人もいるが、その中で価値観の合う人同士や、目的が同じ人同士でつながるようになる。自分軸を持った人たちが集まって、幸せなコミュニティが、地域が、国が、世界が……と、広がっていく。

この本では、**留学、恋愛、結婚、仕事……僕がアメリカ生活の中で多くの異文化を背景に持つ人と接し、気づき、培ってきた自分軸の作り方を紹介**している。

彼らと話していると、自分の意見を持っている人はそれだけで魅力的で、そして、何より自分の気持ちに正直に生きていると感じる。

慌ただしく変化し続ける世界で、自分らしさを追求するためのきっかけになったら嬉しい。

2025年4月

はるき

第1章 人見知りの僕が海外留学を通して学んだこと

第2章 アメリカで見つけた、仕事に振り回されない働き方

第3章 超自分軸で夢を叶える「NO」と言う習慣

第4章 9年の海外生活が教えてくれた、言葉より大切な心のつながり

第１章

人見知りの僕が海外留学を通して学んだこと

ルール 1

語学力ではなく、何を伝えたいのかを大切にする

16歳で初めてアメリカに留学したとき、僕は全然、英語が話せなかった。

このときのホームステイ先はブラウン家。留学生を受け入れることに慣れていて、家族みんながとてもフレンドリー。8人きょうだいがいる家で、末っ子が僕の1歳上のベン。今でも仲がよく、僕のYouTubeにもしょっちゅう登場している。

きょうだいの上半分ぐらいは家を出ているけれど、下半分は家で暮らしていて、その友達もよく出入りしていたから、いつもにぎやかだった。大勢で集まっていると、僕はもうみんなが何を言っているかわからない。

念願の留学をして、みんなが英語でしゃべっているシチュエーションにはワクワクしていたから物怖《ものお》じこそしなかったけれど、話にはついていけなかった。

ある日、ベンと、ベンの友達と3、4人で話す機会があった。大人数のときと違って、みんなが僕の意見を聞きたがったし、僕が一生懸命伝えるのを待ってくれた。

でも、うまく言えなくて、携帯の翻訳機能を使って画面を見せたり。逆に向こうの言っていることがわからないときも、ベンに翻訳してもらって画面を見せてもらいながら答えたり。

「俺の英語ヘタくそでごめんね」

なんだか申し訳なくなって、僕は言った。

「**おまえの英語がうまいかどうか、文法がどうかなんて気にしていない。何を伝えたいか、何を持っているかを大切にしている**」

ベンはそう言った。

僕と同世代のベンが、そんな考え方をしていることは、目が覚めるほどの驚きだった。


そもそも、アメリカの大学の学ぶスタイルも日本とは全然違う。

ディスカッション形式の授業が多いので、留学生たちはついていくのがたいへんだ。予習が必要だし、**そもそも自分に意見がないといけない。**

アメリカでは社会問題について話す機会が多い。でも日本にいた頃は友達同士で政治の話はしなかった。

一人ひとりが日常生活に深く影響する社会問題に関心を持っているので、授業についていくのは容易ではない。アメリカ人はどんどん自分の意見を言うので、話がどんどん進んでいってしまう。

でも、ただ教授の話を書き写しているよりも、**自分も参加したという実感がある。**わからないことがあればいつでも教授に質問できるし、納得できなければ意見することができる。**反対意見でも本当にお互いの成長のためになるという思いがあれば、話をする習慣がある。**

たとえば、僕が僧帽筋《そうぼうきん》が背骨の何番につながっているか教授に質問したときに、「君はリサーチペーパーを何種類読んだか」と聞かれた。僕が5個違うソースを調べたと伝えたら、教授は10個のリサーチの中で同じ答えが一番多いものを選ぼうと教えてくれた。それだけ、いろんなファクトを集めることを大切にしている。

意見が違う人に自分の考えを伝えようとすることは、お互いの価値を高める効果があるし、お互いを知るためにも必要不可欠。真実を追求するための討論をしている。

討論と聞くと激しい言い争いのように感じる人もいるかもしれないが、アメリカでは何も意見を言わずに、頷《うなず》いているだけだとそのほうが不安を与えてしまう。

一緒にいるのに意見を言わないなんて、何を考えているかわからない、気味の悪い奴だと思われてしまう。

授業以外でも、友達でも、恋人でも、家族でも同じこと。

聞く人の態度も大切で、自分とは違う意見が出て当然で、その意見に注目するのではなく、なぜその人がその意見を自分に話しているかに集中すると、反対意見に対して防御的にならずに、より多くの情報が得られる。

人と違う意見は新たな視点を集団に与えるので、とても大切なこと。

アメリカに来たばかりの頃は発言することも怖かった。

伝わるか不安だし、話すスピードも周りと比べて遅い。

会話の流れがゆっくりになってしまうので、いたたまれない気持ちにもなった。

そんなときにベンが言ってくれた冒頭の言葉が心の支えになった。

言語は自分の思いを運ぶ入れ物のようなもの。価値があるのは入れ物の中身だ。

ベンのひと言が大きな気づきになった。

それまでは英語をどれだけきれいにしゃべれるかにフォーカスしていたのだけれど、自分の思っていることを表現できないといけないんだな、と。

18歳でテネシー州の語学学校に行ったときも、自分の意見を書く場面でクラスで１人自分の手だけ止まっていた。

英語が出てこないのではなく、何を書けばいいかわからなかった。それまでの英語の勉強は、テストでいい点を取ること。でも実際に必要なことは、**相手に何かを伝えるために英語を学ぶこと。**この体験の後、英語を話すことに対しての意識も大きく変わった。

ルール 2

居心地のいい場所を捨て、外の世界へ飛び出す

兵庫県西宮市で生まれて、小学校までは神戸で過ごし、中学生になったとき、兄と同じ東京にある全寮制の学校（中学1年から高校3年）に入った。

5時半にラッパの音で起床してまずは礼拝。それから授業。1学年1クラス。坊主制（今はない）で、最初の1年は電子機器は禁止。携帯電話を持てないのはもちろん、真夏でもエアコンも扇風機もなかった。

朝ごはんを作るのは当番制。当番の日は4時半起き。委員長は中学1年から高校3年までが皆で投票して決める。白紙投票があったときは、何時間もそのことについて討論することもあった。

東京に初めて来たとき（池袋だったと記憶している）、人の多さにただただ圧倒された。すれ違う人にぶち当たって、中学生の僕は恐怖しか感じなかった。

母が初めて東京に来たときも、母を突き飛ばすように肩にぶつかってくる人がいて、腹が立った。

小学校の頃から起立性調節障害で学校へ行けない時期があり、勉強にはついていけず、授業に出ても、人より遅れた分を取り戻すための勉強からする必要があり、周りに取り残されている感覚を常に抱いていた。その中でも唯一の楽しみが体育の時間や運動会。

中学も2年生になってからは、体調を崩して学校に行ったり行かなかったり。英語の授業も記憶ゲームみたいで大嫌いだった。

今思うと、自分の居場所を探していたのだろう。だけどあの頃は、ただ暗闇の中にいた。そんな僕にも転機が訪れた。

ある日、僕はカフェに入った。そのとき、流暢《りゅうちょう》に外国人と英語をしゃべりながら歩いてくる日本人がいた。スーツを着ていたので、ビジネスマンだったのだろう。彼らは英語でやりとりをしながら、僕の横を過ぎ去っていった。

ほんの一瞬だったけれど、その人が輝いて見えたというか、その自信に満ちた立ち居振る舞いに、ものすごいオーラを感じた。


耳から入ってくる英語の響きとトーンも実に心地よかった。

稲妻に打たれたように、思いが全身を駆け巡った。

「英語がしゃべれる人ってかっこいい」


母国語でない言葉で話すとき、声のトーンが変わることにも気づいた。

英語で話すときのほうが、トーンが上がる。

カフェにいたビジネスマンは、アクセント、イントネーション、すべてがかっこよく、僕の心をとらえた。


それまでは、英語をテストのためのものとして勉強してきた。単語を覚えるのも苦痛、文法を学ぶのも楽しくない。

なのに、カフェで英語を話している人を見て、英語は楽しいもの、かっこいいも

のと自分の中で変わった。

この瞬間、英語をしゃべれる人間になることが中学生の僕にとって一番かっこいい「自分がなりたい姿」となった。

最高にふわっとした不登校生活だったけれど、僕は周囲の人に「自分のことをわかってほしい」という欲求はそれほど強くなかった。

丁寧に、正確なニュアンスで文脈を伝えることには、それほど重点を置いていなかったのだと思う。というよりも、伝わる人が周りにいなかった。

自分をわかってほしい気持ちはもちろんあるけれど、ここではない。

どこか別の世界に行く必要がある。

僕はここではない場所に飛び出したかったんだと気づいた。

今いる場所で、理解者を探したり、やりたいことを見つけたりするよりも、別の場所に行けば、心の中のもやもやが晴れる気がした。

なりたい自分は、マッチョで英語をしゃべれる自分。

僕の生活すべてが、その夢を叶《かな》えるために動き始めた。

「居心地のいい場所から飛び出す」ことで、新たな自分や世界と出会いたかったし、外の世界にも興味があった。

ルール3

「助けてあげなくては」という思い込みを疑う

People Pleaser（ピーポープリーザー）。

アメリカではよく使われる言葉で、直訳すると「人々を喜ばせる人」。**自分を犠牲にして他人の幸せや喜びを優先する人のこと**をいう。

いいことのように思えるけれど「人から嫌われないように必死な人」というネガティブな意味でも使われている。

相手の笑顔や幸せが自分の幸せだと思っている人は、けっこういるのではないだろうか。僕も昔はそういうふうに思っていた。相手が幸せならそれでいい。

それは典型的なピーポープリーザー。

相手の幸せだけを考えている人が集まると、そこはやさしい世界にも思えるけれど、実は誰一人幸せにはなれない。

ピーポープリーザーが集まれば、そんな空間には誰一人幸せな人は存在しない。

なぜなら、ピーポープリーザーは他人軸で生きているから。

人を幸せにするには、まずは自分が幸せじゃないといけない。

ピーポープリーザーは、他人の問題、社会の問題、自分の問題——それらの区別がつかない。他人の問題も自分の問題のように思って、周りの人を助けようとしてしまう。また、自分の問題を他人にも共有したがり、答えを得ようとする人たちも多く存在する。

そんなときに必要になってくるのがバウンダリー（Boundary）。「境界線」という意味だ。**相手の問題に感情移入するのと、相手の空間をリスペクトするのには大きな違いがある。**

たとえばあなたの家族や友人が、明日の期限に間に合わない——学生のレポートでも仕事の企画書でもいいのだけれど——という問題を抱えていたとする。

あなたは助けを求められた。

もし時間があり、その人を助けることができればそれは素晴らしいこと。

でも根本の原因は、その人自身。その人が期限を守れない状況を自分で作り出している。それを自分の力で解決しなくては、その人はいつまでも成長しない。

その人はきっと「こんな理由があって間に合わなくなった」と、状況を説明してくる。自分で作り出した問題なのに「たいへんだね。それなら手伝うよ」と、あなたは言いたくなるだろう。

あなたは「助けてあげなくては」と思い込み、自分を犠牲にして相手の幸せを優先する。

まさしくピープルプリーザーだ。

断ることが苦手な人は、なぜそう思うのか？
相手から嫌われるのが怖いのか？
友達や同僚がいなくなるのが怖いのか？
多くの場合はそんな恐怖心からだと思う。

ピープルプリーザーなあなたには、情に訴えて甘える人やあなたの時間や労力を搾取する人が寄ってくる。

そんなサイクルを断ち切るのも、自分の選択。

しっかりと境界線を自分で引く。

相手に「今の状況を作り出したのは自分だよ」と伝えることや、気づきになる質問をしてあげると、相手の根本の原因解明につながる。

あなたはこれまで繰り返してきた人生のサイクルを断ち切って、ピープルプリーザーをやめることができる。

まずは他人軸で生きていないか、考えてみてほしい。

英語で僕に刺さった言葉に、「What you're not changing, you're choosing」がある。

「あなたが変えようとしないことは、自分で選んでいることだ」という意味。

あなたは変えようとしないことを選んでいるのだ。

ルール 4

映画を観たら、倍の時間をかけて感想を言い合う

留学していた頃、映画を観に行く機会があった。**終わって出てきたとき「はるきはどう思った？」と、意見を求められた。**アメリカに来てからは、だいたいいつもそうだ。何かをした後はたいてい意見を求められる。

意見を求められてうまく答えられないと、自分が空っぽな気分になる。語学ができないという理由だけではなくて、とくに何も言うことがないとき、自分という人間は思考の軸がないのだ、と。

映画を観たら、映画の上映時間よりも長い時間をかけてディスカッションする。しかも映画館の前で。冗談ではなく、本当に映画館の前で話す。真面目な映画評だけじゃなくて、しょうもないことを話す時間も長い。兄にこの話をしたとき「アメリカって話を膨らますよね」と言われた。話を盛るという意味ではなく、ちょっとしたことでも深掘りしていく。

困るのは映画を観終わっても「この映画、別に語るところ何もないな」というとき。マーベル系のアクションムービーを観たときなんかは、それほど語ることもない気もするのだけれど、とにかく語る。留学中に観に行ったのもたしか『スパイダーマン』だった気がする。

そもそも留学した最初の頃は、映画を観ても意味がわからないシーンがほとんどで、ただ座っているだけだったから、意見を聞かれても困った。

おそらく、最初から映画の観方が違う。

彼らは映画に没入する。

自分とコネクションするキャラクターを見つけて、その人物になりきる。

だから「あのシーン、自分だったらこうするのに」とか「なんで、あそこでアイツはこんなことしたんだろう」と話していることが多い。

常に「自分だったらどうする?」と問いかけている。

彼らと話をしていてわかったのが、感情移入するのは自分がなりたいキャラクターか、自分に似ているキャラクター。

僕の場合はどちらかといえば後者。自分と似た人生観を持っている人物が出ていたら、その人に感情移入する。

とはいえ、そこまで没入することはなかなか難しい。

映画を観た後だけにかぎらず、アメリカの友人たちは、とにかく語るのが好きだった。教会で礼拝を済ませた後や、キャンプに行って焚火《たきび》を見つめながらなど、立ったまま何時間も話す。

16歳で留学した頃の僕は会話のペースについていけずに、その輪の中にいながら、静かにみんなの様子を見ていた。

彼らは互いの目を見つめ合って真剣に話す。感情も豊かでエネルギー量も多い。まだお酒を飲める年齢ではないから、酔っているわけでもない。

でも、居酒屋で酔っぱらって何時間も盛り上がるのと同じテンションで、しゃべりまくる。

その姿は、心と心が会話をしているように見えた。参加できない自分を寂しく思いながらも、なぜか懐かしさも感じた。

僕が何かを伝えたいときは、携帯の翻訳機能を使って会話することが多かったけれど、「本当はどう思っているんだ?」と、彼らは真剣に尋ねてきた。

僕がつたない英語で説明しようとすると、何人もが周りに集まって、みんなで「はるきはこう言いたいのか?」「それはこういうことか?」と、僕の伝えたい内容を解読してくれていた。

文化も言語も肌の色も違うけれど、みんなは僕の心の中を知りたがってくれていると実感した1か月のホームステイだった。

「必ずアメリカの大学に入学するよ」

みんなに約束して、僕は日本に一時帰国した。

ルール5

地元のチームを知ると、その街が見えてくる

緑色が好きで、ＮＢＡ（ナショナル・バスケットボール・アソシエーション）ボストン・セルティックスのユニフォームをよく着ている。

グリーン・モンスターズとも呼ばれているセルティックスのユニフォームは全体が緑で、背番号や胸にある「ＢＯＳＴＯＮ」のロゴが白。とても気に入っている。

僕が住んでいるフロリダ州にはオーランド・マジックというチームがあるので、街で着ていると完全にアウェイ。

たまに「おっ、セルティックス？」という反応をされることもあって、そこからちょっとした会話を楽しんでいる。

アメリカ人が好きなスポーツといえば圧倒的にバスケットとアメフト。

あと、アイスホッケー、野球で、サッカーもちょっとずつ最近有名になってきている。

日本では毎日のようにロサンゼルス・ドジャースの試合が放送されて、大谷翔平選手のニュースが流れているようだけれど、フロリダの街を歩いている人に「大谷翔平って知っている?」と聞いても、ほとんどが知らないと答えるだろう。

サッカー不毛の地とも言われてきたアメリカ。でも1996年にMLS(メジャー・リーグ・サッカー)が設立された。

日本でJリーグが開幕したのが1993年だから、ほぼ同時期だ。日本同様、アメリカでも、サッカー人気が高まってきた。

ヨーロッパの有名選手が加入しているのが大きな理由だろう。なんといっても2023年の夏、リオネル・メッシがMLSのインテル・マイアミにフリートランスファーで加入したのは、大きな話題になった。

僕は2024年5月にインテル・マイアミとオーランド・シティSCのサッカーの試合を観に行った。メッシが来るからとチケットを取ったのに、その前の試合で怪我をしてしまい、結局出場しなかった。

僕が買ったチケットは、ホームのサポーターチケット。つまりオーランド・シティ側だ。200ドルぐらいだったかな。試合に向かう30分前ぐらいに「紫しか着ちゃダメです」みたいなメールを目にした。

オーランド・シティのユニフォームは紫だからだ。「持っていなければ黒か白で」という指定もあったので、僕は黒を着ていった。

サポーター席は椅子がない。線が引いてあって、その中に立ってみんなで応援する。僕はけっこうギリギリに行ったので、サポーターのボルテージはかなり上がっていた。とりあえず、入れそうな場所を探して声をかけた。


「そこ空いている?」

「いいよいいよ、空いているよ、来ていいよ」

場所を空けてくれたけれど「オーランドのサポーターか?」と、確かめてきた。

「いや、どうかなー」

メッシを観に来たとも言えず、曖昧にごまかしながら、90分一緒に観戦して盛り上がった。

おもしろかったのは、**観客席から写真を撮るのに、5年かかるということ。**

観客席でカメラを持っているおじいちゃんと話をしたけれど、彼は許可証をいっぱい持っていて、見せてくれた。

5年間、観に来て、応援して、ファンとしてみんなに認められてようやくいろいろ写真を撮れると話してくれた。

サポーターの中でも、それぞれの役割があるようだ。

僕も最初にセキュリティで「マイクロフォンを置いてきて」と言われた。カメラだけ持って入ったけれど、いろいろな場所にセキュリティがあって、そのたびに止められた。新参者なのがスタッフたちにもわかったのだろう。

スタジアムのウェブサイトには、6インチ以上のズームレンズ付きの大きなカメラでレンズでなければ、カメラは持っていっていいことになっている。

でも、サポーター同士の暗黙のルールが存在していた。

オーランドのサポーターはかなり熱い。

「俺たちみんな、家族！」みたいなノリで、あちこちで絆《きずな》が生まれていた。

フロリダはサッカー人気が高い中南米からの移民が、他のアメリカの都市に比べて多い。そんな土地柄もあるのだろう。

お目当てのメッシは出場しなかったけれど、地元のサポーターたちからエネルギーをもらえた。**自分の住んでいる街を知るには、地元のチームの試合に足を運んでみる**のも、1つの方法だ。

ルール6
自分のスタイルを明確にすれば、居心地のいい人が集まってくる

早起きをして、走りに行く。

食べ物、飲み物にこだわる。

見るもの、着るもの、関わる人にこだわる。

お酒は1杯。タバコは論外。

これが僕だ。

なかなか人づきあいに向いていないように思われるけれど、**自分のスタンスをしっかり決めておいたほうがストレスなく人とつきあえる。**


以前の僕は、まったく自分の世界を持っていなかった。周りの人の世界観に入っていって、その中で自分の居場所を確立していく。そんなスタンスだった。

クラブやバーに行ってお酒を飲んで楽しむのが好きな人たちとつきあっていると、踊ってお酒を飲む行為を存分に楽しめる人こそが最強、という世界で過ごすことになる。

僕はクラブには行かなくなった。たまに招待してもらって仲間を応援するつもりで行くときはある。中に入ればクラブを楽しむこともできる。「ここから、こういう画角で撮ったらおもしろい映像になるかも」とか。

男同士で集まると、どれだけ酒が飲めるか、どれぐらいの数の女性を抱いたか、どのくらいお金を稼いでいるかとか、どんな車に乗っているか。

そういうフィジカルなもので互いの価値を測る世界が展開されることが多かった。だったら自分はそこにいる必要はないから、もう行かなくなった。

僕みたいに独自の生活スタイルがあり、群れるのが苦手なタイプは、自分の世界観に相手を招待することで、真のつながりを生み出すことができる。

自分から会話に参加したり、ぐいぐいいくと、他人をコントロールしていると思われるので、何かを質問されたときに自分の世界を提示してシェアする。

自分から自分の世界をシェアすることはしないで、自分のターンを待つ。

相手からの招待状を待つほうがいい。

かつては自分からグループを作ろうと思ったり、自分で友達を探そうと動いたこともあったけれど、強制的なエネルギーが自分の動機になっているからうまくいかなかった。

僕は基本的にめっちゃ静か。そういう僕を「おもしろそう」「コイツといると落ち着く」と思って集まってくる人たちと過ごすことが心地よい。

僕のような「内向的外向型」の人間は、外向型の側に基づきながらも、外向型と内向型の両方の性格特性を併せ持つアンビバート（内向性と外向性のエネルギーのバランスを持つ人々）の一種。**内向的外向型の人は、他人と一緒にいることでエネルギーを得る一方で、長時間人と一緒にいると疲れてしまい、内向型のように充電するための１人の時間を求める。**

かつて、世界中から集まった20名以上のクリエイターと旅行に出かけたことがある。

旅に参加する前にＺｏｏｍで顔合わせする機会があったのだけれど参加できず、

僕は現地で初めて皆と顔合わせになった。

人種も年齢もさまざま。共通点は動画制作が好きなこと。そして英語がしゃべれること。はじめましての人たちが集まる場所でも、僕は自分が自分でいられる空間を大切にしていた。**自分のリズムが崩れた状態で人間関係を築くと、結局は無理をした自分の姿で接することになる。**

どんな場所でも常に通常運転の自分でいれば、そんな自分に引き寄せられてくる人たちと心地よい時間と空間をシェアすることができる。

この集まりに参加したときの僕は、自分で仲間を集めるのでもなく、既存のグループに入っていくのでもなく、自分の世界観に招待すればいいと思った。

自分のタイミングは絶対にやってくる。

旅行の日程は7日間。夜の8時以降は自由時間で、街に出て買い物に行く人もいれば、映画を観に行く人もいた。僕はジャグジーでゆっくりと体を休めることに専念した。そして、同じような時間と空間を過ごす人たちと、関係性が深く構築されていく感覚を味わった。

人間関係を無理やりコントロールすることなく、自然な形でタイミングが合う人と同じルーティンの中でその場に合った会話をし、朝になれば自分が起きるタイミングでカフェテリアにいる人と席を共にする。
寝起きのガラガラの声のまま、夜のジャグジーで共に過ごした人とはまた別の人と、時間を共有して１日の撮影が始まっていく。

絶対に同じ価値観を持った人は現れる。
それには忍耐が必要だ。
そして準備も必要だ。
タイミングは、思いもよらぬ形でやってくる。

ルール7
恥ずかしいという感情を受け入れる

大学進学を機に、ニューヨークに移り住んだ。新しい人たちと出会って、新しいことを学ぶ場所。日本もそうだと思うけれど、多くの学生が1人暮らしを始めるタイミングでもある。

アメリカの大学の授業は、ただ出席をしてノートを取っているだけではダメ。学生も授業に参加するイコール発言する。教室の大きさや学生の人数にもよるけれど、基本的にはいつでも発言できるし、質問できる。

というより、**意見を言わないと点数を引かれるから、しっかりと自分の考えを持っていないといけない。**

授業は教授からインプットする場所だけでなく、他の学生のアウトプットからも学べる場所だ。「質問があれば積極的に発言してね。それは他の学生の質問でもあるから」と教授はよく言っていた。

僕の専攻はスポーツ科学。

必修授業のEconomics（経済学）の先生は「I don't know」という答えが

嫌いだった。本当に知らないことを「I don't know」と答えても批判された。

Philosophy（哲学）の授業もたいへんだった。

30〜40人いるクラスで「普通とは何か」「常識とは何か」などについてみんなで話し合う。周りのみんなはけっこうぶっ飛んだことを発言する。

でも僕は考えすぎてしまって、だんだんと発言するのが怖くなってしまった。

タイミングもうまく取れずに結局言いたいことが言えず、点数を落とされたこともあった。

「こんなことを言ったら周りはどう思うんだろう」

そんなふうに考える癖があって、なかなか克服できなかった。

16歳でアメリカに留学して、他人の評価をまったく気にしない生き方をしていた同世代の子たちに出会った。

「**自分は自分**」

同調圧力のない世界で育ってきた子たちが、周りとは違う意見を持っている。

それが当然の世界観で育ってきた学生たちがその場に存在した。

だから僕も、英語がへたでも、ボキャブラリーが貧困でも、一生懸命自分の意見を伝えるようになった。

でも、大学の授業でまた同じ壁にぶつかった。親しい友人の前では言えることも、大学の先生や大勢の学生たちを前にすると、自分のタイミングで、自分の言葉で発言するのが難しい。

ほとんど「はじめまして」の状態の人たちに自分の意見を言うのは恥ずかしい。どうしてもその感情が先に立ってしまう。

「僕のことをよく知らない人たちの前でいきなり言っていいのかな」と、心が引っ込んでしまう。

周りの多くの学生たちは、そんなことを気にしていないように見えた。

それがまたプレッシャーになる。

アダムとイヴは、エデンの園で生まれたままの姿で過ごしていた。でも禁じられていたリンゴを食べてしまって、恥じらいの感情が芽生えて、イチジクの葉で体を隠すことを覚えた——という有名な旧約聖書の話があるが、人間は「恥」という感情を知ってしまった。

自意識や罪悪感といった感覚を持つ人間にとって、とても大きな感情の1つだろう。小さな子どもにも恥ずかしいという感情があるし、日本ではとくに「みんなと違うことをやるのはやめよう」「そんなことしたらおかしいよ、恥ずかしいよ」と考えられている。

日本にいるときは、僕もそんなみんなをもどかしく思っていた。

「人と同じでなくてもいい。みんながそう思っている世界に行きたい」

「自分がこうしたいという自分の意志を大事にして行動したい」

そう思っていた。

なのに結局は、自分も同じ思考に陥ってしまっていることに気づいた。

アメリカで周りを見回せば**「みんなと違うことを言ったら恥ずかしい」という同調圧力がない世界が存在**していた。

自分軸で生きている人は、他人と接するときもあくまで自分。

アメリカにはそういうタイプが多い。いきすぎている場合は無駄な争いを生むこともあるが、「自分はこういう考えを持っているけど、君は?」という姿勢だ。

どっちがよくて、どっちが悪いという評価をしたいわけじゃない。

彼らはただ、聞きたい。話し合いたい。そして**両側面を知ることで、人生にも深みが出る**と思っている。

反対意見を言わずに笑って適当にごまかしたり、口ごもったりすると、「彼は真剣に話していない」とか「自分は適当にあしらわれている」と感じさせてしまう。

反対意見を言わずに「僕もそう思います」などという会話の終わり方をするほうが、よっぽど恥ずかしいし失礼だ。

先生も周りの学生たちもみんな僕の意見を聞きたがっている。

自分と違う意見に興味を持ち、尊重してくれるし、おもしろがってくれる。

僕とディスカッションしたがっている。

間違ったことを言ったらどうしよう。引かれたらどうしよう。

そういうふうに考える癖を持ってしまっていることを受け入れよう。

間違っていてもいい、引かれてもいい。だって、それもまた自分の空想にすぎないのだから。

自分はどう思っているか。

そこから関係性が始まる社会なのだ。

恥ずかしさを受け入れるところから本当の人間関係は始まる。

ルール8

年齢ではなく「生き方」にフォーカスする

このあいだ兄と話したとき、「俺も30歳かぁー、24歳ぐらいの感覚なんだけどなー」としみじみ言っていた。


もう30歳？

まだ30歳？

30歳を超えるとおじさん？

30歳になったらこれができない。

30歳でこれを始めるのはもう遅い。

意味のない年齢神話にとらわれていると、30歳では何もできないアイデンティティができあがってしまう。


たとえば結婚や出産について、周りからプレッシャーをかけられていて、自分の生きたい世界を邪魔されていないだろうか。

自己紹介をするとき、名前、年齢、役職を伝えるのが必須だと考えているだろうか？

それらが自分をとりまくアイデンティティだと思い込んでいないだろうか。

アイデンティティは常に作られ続けるものであり、自分で変えていくもの。

そして、自分の好きな方向に自由に方向転換することも可能。自分で自分を縛らないようにしたい。


スポーツ選手のフィジカル的な全盛期の年齢は20代後半ぐらいだろうか。

社会人として一番お金を稼ぐ時期は一般的には50歳ぐらいだろうか。


日本では若い世代がもてはやされる風潮もあるけれど、「イケオジ」という言葉が使われていると知った。いい方向に進んでいるように感じている。

日本では敬語文化もあるので、人とつきあうときは早い段階で年齢を確認することが多い。

名前を聞いた後にすぐ年齢を聞く人もいる。

アメリカでは年齢を聞かれるのはアルコールを買うときぐらい。

僕も聞かれたことがないし、自分もいつの間にか聞かなくなったし気にならなくなった。

30歳、40歳、いや何歳になっても、大学に入って勉強し直すことが普通だし、僕のクラスにもさまざまな年齢の人がいた。

アメリカは学歴社会な面もあるけれど、学歴が社会でのアイデンティティになってはいない。

アメリカで生活していると、**めっちゃ仲がいい友達でも、いまだに年齢を知らなかったりする。**そうなってくると、その人のインナーチャイルド（僕たちの心の中にある生まれたときから備わっている領域）と話している感じになる。

年齢なんて、その人の外側のぬいぐるみのようなもの。

若くても年を取っていても、お互いをさらけ出し、お互いの成長を喜び合うことはできる。同世代とか同学年という年齢のつながりではなくて、心でつながっている。

日本では年齢を聞いたほうがお互いの理解が深まると思われているけれど、聞いてしまうともったいない気もする。だからむしろ知りたくない。

年齢の縛りがない社会は、すごく楽だ。

年齢を聞くと「そうか、この子は18歳なんだ。じゃあ、まだあまり経験も積んでいないんだろうな」と、自分の中で何かを判断してしまう。

「最近の若い子は」じゃないけれど、「18歳だからこんなミスをしたのか」みたいな。

18歳はこんな感じ、20歳はこんな感じ、30歳は、40歳は……と、可能性が年齢とリンクしてしまうのはもったいない。

年齢は呪縛だし「○歳だから」というのは呪文のようなもの。

自分に対しても相手に対しても、年齢で縛るのはもうやめよう。

ルール 9

第2言語は人生をリセットする魔法

どうしてアメリカに来たの？

なんでアメリカだったの？

聞かれるたびに、**僕の原点に戻る質問**だなと思う。


中学生の頃、カフェでビジネスマンが話す英語を聞いてから、英語を話す世界に行きたくて仕方がなくなった。

アメリカに行った人が「アメリカめっちゃよかったよ」と言うのを聞くと、その人の放っているエネルギーに思いきり浸りたくなる。


そこに違う国が存在するのだったら、その世界を見てみたい。

最初に出会ったのが英語だったから「英語圏に行きたい」となった。

イギリス、オーストラリア、カナダなどでもよかったのだけれど、たまたま自分の身近にいた外国帰りの人がアメリカだったから……という、実に中学生らしい単純な理由だと思う。

単純だったからこそ、迷わず夢に向かって走り出せた。

「でも無理だよな」なんて考えることもなく、通信制の高校に入学してからはひたすら留学資金を貯めるためにアルバイトをして、留学の夢を叶えた。

すべてを払うことはできなかったけれど、そんな僕の行動を見て家族が経済的にもサポートしてくれた。

なんでこの世界はこういうふうに回っているんだろう。

考え始めると眠れなくなる子どもだった。知らないことはなんでも徹底的に追求した。そして追求したことを恐れずにシェアする。

そんな子どもだったから「日本の国の外にはどんな世界があるんだろう」「アメリカってどんな国なんだろう」と、好奇心でうずうずしていたし、ＹｏｕＴｕｂｅ活動にもつながった。

元奥さんには「はるきがアダムだったら絶対にリンゴを食べるよね」と言われた。

前述したけれど、アダムとイヴは禁じられていたリンゴを食べてしまって、恥じらいの感情が芽生えたという話だ。

僕は絶対に食べるタイプ。何かあれば自分でやってみないと気が済まない。

未知の世界を追求していくことに恐怖はないし、それをシェアすることにも恐怖がない。

2か国語目は脳で理解すると聞いたことがある。

僕も英語を調べるとき、日本語の解説だと頭に入ってこないし、また頭の中で英語に翻訳することになる。最初から英訳したほうが頭にスッと入ってくる。

それからは、日本人に説明するとき以外は、多くのことを英語でリサーチするようになった。

YouTubeには、日本語の字幕をつけている。

調べなくても字幕はつけられるけれど、ときどき「これは日本語でなんて言えばいいんだろう?」とリサーチする。でもそのときも日本語を見るより、英語の解説のほうがしっくりくる。

第1言語だと、言葉についてくる感情というか固定観念が、もうすでに存在している。たとえば「不合格」という言葉を聞くと、今までの不合格の経験が一緒についてきてしまう。

ネガティブな言葉はみんなそう。

「不安」は英語では「Anxiety（アングザイエティ）」。言葉が変わることによって言葉に紐《ひも》づく経験がゼロになる。

言葉に対しての見方も変わり、見方が変われば世界観も変わる。

自分で言葉についての新しい定義を、これまでに会った人や出来事から、どんどん作っていく。

新しい人生をもう1つ、英語を話す世界で作っている。

そして新たな記憶で自分自身が塗り替えられ、それが自分にとっての生きる世界になる。

昔の普通が新たな経験で塗り替えられ、自分の価値観が変わる瞬間だ。

それと同時に、2か国語目は、感情でのつながりが第1言語より劣っているとも言えるだろう。それが正しければ、母国語での会話や母国語同士で話す人とは、より心のつながりを感じることや、ネガティブな感情やポジティブな感情も受け取りやすくなることになる。

そんな2つの違う言語を行き来して感じられる精神的な変化だけでも、第2言語を習う大きな価値の1つだと、僕は思っている。

第２章

アメリカで見つけた、仕事に振り回されない働き方

ルール10

Uber的な働き方がプライスレスな出会いをもたらす

アメリカの若者は、大学時代にきちんと就職活動をする人もいることはいる。一方で**「今日生きていくお金があればいいや」**という人もけっこういる。というのも、多くの会社が月に1度ではなく、2週間に1度、または1週間に1度のペースで給料が出るシステムになっているから。

あとは、僕が昔、空いた時間にちょこちょこやっていたUberのようなシステムがある。日本では、スマホアプリやWebから注文すると、飲食店と配達する人がマッチングされるUberEatsがよく知られていると思う。

Uberはアメリカ最大手の配車サービス。アプリで簡単にUberドライバーとマッチングして目的地まで連れていってもらえる。アメリカではUberが普及しすぎてタクシーをほとんど見かけない。配車サービスのほうがタクシーより便利で料金も安いからだ。

Uberでは今日稼いだお金が今日もらえるので、就職活動をして企業に入り研修を受けて給料を1か月後まで待つより、手早く収入を得ることができる。

アプリを登録すると「ここでピックアップしてください」という通知が来て、自分の車で出かけていく。その場所に行ってピックアップしたことを通知すると、アプリが「次の目的地まで行ってください」と、誘導してくれる。

Uberをやる中で、おもしろい体験もけっこうあった。

あるとき、黒人の男の子が乗ってきた。同年代だろうか。おしゃべりが好きな彼と、恋愛の話になった。

「最近は、コンペティションというか、対戦相手が多い」

彼は言った。Competition、競争ということだ。

たとえば意中の女の子がいても、その子が女の子を好きだったり。また別の女の子をいいなと思うと、その子はゲイの男の子を好きだったり。

まさに多様性だと、彼も言っていたし、僕もしみじみ感じた。

「オープンになったことで、俺にとっては不利になったよ」

なんて言っている彼が、どこかいとおしくなった。

Uberのような仕事だからこそ経験できる、プライスレスな出会いだった。

それ以外にも、朝9時30分からデイトレーディングをして毎日200ドルを数分で稼いで、残りの時間は自分の好きな仕事をしたり。毎日コツコツ長期的に投資して、ガソリンスタンドで働きながらでもミリオネアになる人もいる。

実際に僕が18歳の頃から周りの子たちは株に投資をしていて、そういった話を日頃からもするし、株に投資することで何より、社会の流れ、世界の流れを追うことができる。

毎日毎日を丁寧に過ごしながらも、国からのサポートはないものと考えて、早いうちから老後のための資産運用もしっかり自分で考えて計画する人が多いと感じる。

アメリカ人の友達が、「僕たちが銃を持つ権利は、政府に対抗できるように憲法で守られてるんだよ」と言っていたのも記憶に強く残っている。

政府が国民を抑圧しないように、武装権を持つことが重要だという思想が生まれたのも、アメリカ独立戦争からの背景がある。それだけ国民が、政府に対してあまり信頼をしていないのも、アメリカと日本の大きな違いの1つかもしれない。

ルール 11

自分を信じ抜くことが、理想の仕事への第一歩

アメリカは契約社会と言われている。契約をするということは、「提示された金額ではここまでしかしませんよ」と約束するようなもの。

日本の企業で働いている兄と話すと「普段から残業はすごくあるけど、サービス残業の部分も多いかな」と。日本は仕事の線引きが曖昧に思える。

アメリカだと、契約を結んでいるからこそ、よけいな頼まれごとや時間外労働はない。契約書を交わすのは、自分を守るためでもある。

僕の場合、フリーランスだから、その線引きが難しい。

お金の交渉もすべて自分でやらないといけない。

依頼された動画に対して「僕が1時間撮影すると、いつもはこれぐらいもらっています」と提示をして、そこにアラインメント（合意）してくれる人を探し、プラス自分のやりたいことを模索する。

とはいえ、YouTubeの動画を1本作るときや、何か映像を頼まれたとき、お金や再生回数などの数字を追うと、満足する結果が得られなかった場合に、数字イコール価値と考えてしまう。「この動画はあまり再生されなかったから、あまり価値がない」「この案件ではあまりお金をもらえなかったから、僕は価値を認められていないんだ」と。

そうなると動画を投稿しなくなったり、依頼された案件でも「1個前の動画はこれぐらいもらったけれど、今はこれぐらいしかもらえてない」と、モチベーションが下がる。

数字ではなくて、その動画で何を伝えたいか、その動画に対して情熱はあるのかを大切にしたい。もちろん、数字は大切でそこにお金が発生することも理解している。でも、**数字の調子が悪いときこそ、本質にたどり着く。**

僕の場合、提示された金額によって投稿するプラットフォームは変えるけれど、動画制作の熱量は変えない。クオリティは常に最高潮を目指す。そういうモチベーションで作っている。

そして、**もう1つ大切にしていることは、仕事がその1回きりで終わらないよう**

に考えて取り組むこと。会社の大きい小さいに関係なく、一度仕事をした人たちとは長くつきあっていきたい。

「この人たちとこれから10年間一緒に仕事する」という姿勢で仕事と向き合う。そうすれば丁寧にやるし、手を抜くことはない。

最初の1回は僕が満足する額を提示されなくても、10年先にはその会社といい関係でいられるかもしれない。そう考えるようにしている。

YouTubeを始めたのは19歳。挨拶や返事を適当にしていた頃もあった。するとと、「この前一緒に仕事をした人に連絡取りたいな」というときに、「自分がメールに返信しないで終わっていたから連絡しにくい」となってしまう。そんなことが何度かあった。自分が失礼な態度を取っていたら自分で自分の首を絞める。

逆に、向こうに失礼な態度を取られて終わった仕事が、2、3年後に巡り巡ってまた縁がつながって「あれ、この人、感じ変わったな。今のこの人だったら、また一緒に仕事してもいいな」という感触を得ることもある。

いずれにせよ、視野を広く持って、先のことも考えておく。

どんな人でも、どんな仕事でも、いい形で終わるように心がけている。


こういう仕事をして生きていきたいという強い思いがあれば、その仕事で生活していけるようになる。**自分で自分の世界観を信じないと、理想の仕事には就けない。**やりたいことがあるのなら、まずは副業として始めるといい。きっと、少しずつ収入が入ってくるようになる。いや、絶対なる。**YouTubeの調子が悪いときでも、そこに少しでもやりたい思いがあるなら、あきらめないしやり続けよう。**


転職を繰り返している友人の話もよく聞く。

給料を上げるには転職するか、直接交渉するか。

「2年間こういうところで働いていました。こういう実績があります。こんな資格を持っています。給料はこれぐらいください」

と伝える必要がある。

前職に就いているうちにスキルを上げて、転職先でアピールし、どんどんレベルアップしていく。次はこれぐらいの額をもらえるところ、と、日々向上心を持って努力しているようだ。

自分が本当にその会社で働きたいなら「私は貴社にこういう価値を与えることができます」とプレゼンしに行くのがいいだろう。たとえその企業が社員募集をしていなくてもだ。

募集していないけれど、うちの会社にすごい人がいきなり門を叩《たた》いてきた、となれば前例ができる。そして、企業側に受け入れる体制ができる。

ワクワクする気持ちがあるなら、その行動を起こす1人目になる価値はあるはずだ。

ルール 12

商品ではなく、ワクワクする未来を売る

Ｎｉｋｅのプロモーションを観ていると、商品がなかなか出てこない。

ＹｏｕＴｕｂｅｒのケイシーはナイキにスポンサーされて、動画を作成。予算をすべて旅に使って、ナイキの靴が動画に出てきたのは最後の１コマだけ。

そのほかにも、政治的メッセージを盛り込んだ広告を展開するなど話題を作っている。


ＲｅｄＢｕｌｌもそう。日本では「レッドブル、翼をさずける」というフレーズが有名だが、ＣＭを観ていても商品紹介はいっさいない。

ネット広告もアクロバティックな映像をバーッと流して、商品が出てくるのは最後の１秒、２秒だけ。


Ａｐｐｌｅも「うちの商品を使うことで、こういうクリエイティブなことができますよ」というイノベーションを売っている。

消費者の側も「アップルの商品を買うことで、こんなにワクワクした感情が得られる」「こんな感情を体験できる」とまさにその熱量が伝わったとき、記憶に残り購入する。

企業が売っているのは商品ではなく未来へのワクワク。物を買う動機＝モチベーション、感情が動かされて、初めて人間は行動しようと思う。

僕のようにＹｏｕＴｕｂｅで発信する側の人間も、**ポジティブな行動につながるワクワクを提供できたら成功**だと思う。

そのためには自分の世界観を創り出し、日々、自分の中のワクワクを大切に生きることが重要だ。

ワクワクレベルが高い状態での集中と、低い状態での集中の成果の差は絶対にある。ボルテージが上がった視聴者に観せるものと、全然ボルテージが上がっていない視聴者に観せるもののリターンはまったく違ってくる。

商品を売るのなら、消費者のボルテージを上げてから、これどうですかと提案する。そうすると、反応は格段に違ってくる。

それを実現しているのが、スーパーボウル（アメリカンフットボール、そしてアメリカ合衆国における最大のスポーツイベント）のコマーシャル。10～30秒に10億円以上のお金が投じられる、世界でも群を抜いて高い広告費だろう。

それはもちろん、観る側のボルテージが完璧に整っている状態でもある。

たとえば、自分の大好きなチームが大逆転した後に、自分の大好きな車を観せられたら、どこか幻想を見せられていると気づいていても「この車、買いだ」と気持ちのいいものに感じられるだろう。

ではフリーランスの僕らはどうやって大企業のように、ワクワクな世界観を創り出すことができるのか。

それはまず自分の仕事への向き合い方から見直す必要がある。

アメリカは日本に比べると、人それぞれ自分の好きなタイミングで自分の仕事をしているイメージがある。黒や紺などのダークな色のスーツを着て通勤や帰宅のラッシュに揺られることもない。

アメリカは車社会だから、ほとんどがマイカー通勤。その一方で道路の混雑状態は深刻。ニューヨークやロサンゼルス、サンフランシスコなどは世界でもトップクラスの交通渋滞が発生している都市だ。

僕はニューヨークシティに住んでいたことがあるけれど、イメージとしては、東京に近い。それでも、スーツで出勤する人は金融関係のビジネスマンぐらい。でも、ウォールストリートで働いている人は車か歩き。地下鉄はすごく汚いし、スーツ姿だとけっこう目立ってしまい「めっちゃお金持ってそう」という目で見られる。スーツを着ている＝仕事がデキる。お金持ち、みたいな。

筋トレに行くときはまずスポーツウェアを着る。スポーツウェアを着るだけで、体と気持ちがアクティブになる。それと一緒で、スーツを着ると仕事のマインドになる。

日本のビジネスマンたちのスーツ姿は、日本のカルチャーとして根付いているように感じる。服装を変えると自分がどんな気分になるか、その気持ちの違いに注目してみるといい。スーツがただの作業着になっているのか、自分の気分のワクワクが上がるのか。

スーツを着てもワクワクを感じなくなった……。
そんな状態のあなたから、何かを購入したい人はいるのだろうか？

僕自身もYouTubeの動画制作で、撮影前からワクワクを感じるときと、そうでないときがある。

また、撮影が終わった後でも、早くこの動画をシェアしたいとワクワクが続いてその思いのまま編集が進む動画と、なかなか作業が進まない動画とにハッキリ分かれている。そしてそんな感情は視聴者にも伝わっている。

13 ルール

レモネードを売って「お金を好きになる」気持ちを育てる

お金の交渉が苦手だった。

でも、お金にネガティブなイメージがあると、お金だって寄ってこない。

お金はお金が好きな人のところに集まる。

お金だって、価値のある使い方をしてくれる人のところに行きたいはずだし、価値のあるものに支払ったお金が循環して、さらに大きな価値を生む。

子どもの頃、僕は貯金箱が好きでたくさん集めていた。お金を貯めることが好きだったのだろう。1円玉から500円玉まで分かれているものなど、何種類もの貯金箱を持っていた。

でもお金を好きというのは、日本ではよくないイメージがある。お金のことばかり口にすると眉をひそめられるし、品がないと受け止められることが多い。

僕も人前でお金の話をするのは控えていた。

ただ、それはお金が汚いものと思っている人とお金の話をするからで、日本にもお金の本当の価値を理解している人はたくさんいる。

でもアメリカに来て、**お金が好きなのはデフォルト（標準）で、さらにオープンなものだ**と気づかされた。そうだよな、みんなお金好きだよな。子どもだってお小遣いもらったら嬉しいし、大人になったら入ってくるお金も出ていくお金もきちんと自分で管理するのが当然だな、と。

アメリカでは子どもの頃からレモネードを売る習慣がある。キャンプ地などに行くと、子どもが看板とテーブルを出して自分で作ったレモネードを販売している。幼稚園児ぐらいの段階で、実際にモノを売る経験を大人が見守っている。

2つ頼むと、中身の量に差があったり、こぼしながら注いでくれたり。ただ、そんな時間も、次世代のミリオネアに注いでもらっていると思うとワクワクしてくる。

お金を稼ぎたい。

まずはそんな強い思いを持つことを許してあげること。そうでないと、なんでお金を稼ぎたいかという次の質問にたどり着かない。

なんでお金を稼ぎたい？

いい生活がしたい。いい土地に広い家を建てたい。車も欲しい。家庭を築いて不自由のない幸せな日々を送りたい。

だいたいの人は、幸せになりたいからお金を稼ぎたい。

当然のことだ。幸せとお金持ちはまったく関係ないが。

お金を稼ぎ、お金を手にしたその先にある世界に到達したい。

人生は、お金に不自由せず、純粋に好きなことをするためにあるのだ。

お金を稼ぎたいというのは、お金を稼いでいない自分自身を投影している言葉である。**したい＝できていない現実**がある。

お金に対してネガティブな思いがあると、お金をもらうイコール申し訳ないという概念にとらわれる。

たとえば僕が仕事をするときは、相手の要望を聞いてから案件費の交渉が始まる。

「この仕事をするなら、この金額が欲しい」という願いがあるものの、相手が払いたい金額に合わせて自分のできることを探す。無理なら「NO」と言う。

それは相手にとってはネガティブでも、自分にとってはポジティブな「YES」である。


お金にネガティブな感情を持っていると「高額を提示してしまったかな」「こんなにもらったら申し訳ないかな」「もうちょっと安くやってあげてもいいのだけど……」などと自問自答し、自分で自分の価値を落としてしまう。

自分に自信があるときは、自分の価値が自分でよくわかっているので自分にふさわしい金額をきっぱりと提示できる。

その結果、自分の価値にお金を払ってくれる人が集まってくる。

そして自分の仕事への向き合い方も大きく左右される。


コーチングをするときも、安く設定するのではなく、高めに設定すると、その金額に賛同できる人、僕のコーチングを受けることを自分への投資だと思って一緒にセルフワークできる人が集まってくる。

提示する金額を上げると、意識の高い人たちが集まってくる。

逆に安い金額を提示すると、お金に対してネガティブな思いを抱いている人を集めやすくなってしまう。

14 ルール

仕事は「労働」ではなく「誰かへの貢献」

お金を稼ぐ稼がないに関係なく、誰かに貢献できている人は、会ったときに圧倒的にバイブス（高揚感）が高い。

あなたはお金にどんな感情を持っているだろう？
お金、お金ってあまり言うのは好きじゃない？
お金の話ばかりする人は胡散臭《うさんくさ》い？
でも、お金だって、自分のことが大好きで、大切に扱ってくれる人のもとへ行きたい。
お金が好きでないと、お金もあなたに寄ってこない。
そして自分がお金だったら、人の役に立つ使い方をしてほしい。

お金もエネルギーだ。

木から紙となり僕たちの手元にやってくる。
木はどんな感情をあなたに与えてくれるだろう。
ぬくもり、落ち着き、安心感、平常心……。

お金も同じだ。

お金があるときは不安がなく、心が自由になれる。


常に貧乏マインドを持っている人もいる。実際、僕もそうだった。

常に満たされず、資金が足りない、時間が足りない、材料が足りない、人手が足りない……そんなマインドを持っていた。

あるものよりもないものに目を向け、常に何かが足りないと思ってしまうことを英語では「Scarcity Mentality（スケアシティ・メンタリティー）」と呼ぶ。


そんなときは、どれだけお金があってもどんどん減っていく。

逆にお金がなくてもお金持ちマインドを持って生きている人には、どんどんお金が集まる。

今あるものに感謝し、「お金がない」などのネガティブな言葉を使わないし、そんなことも端《はな》から頭に存在しない。

そんな毎日を繰り返していると、お金だけでなく、貴重な経験やプレゼントを思わぬ人から受け取ったりすることもある。


お金が欲しいのなら、自分もお金やエネルギーを出して世の中に循環させる。

入るのを待つのではなく、まず出す。

出すから入るようにできている。

出すことでエネルギーが循環している。

出せば出すほど循環が起こり、物事がうまく回っていく。


動画1本の案件で**100万円欲しかったら、まずは自分が100万円に値する仕事をする。**

実際は10万、20万、30万円ぐらいしか得られないかもしれない。

でもその予算に見合う程度の動画を作っていたら、いつまで経ってもそれぐらいの案件しか来ない。


相手に要求する金額や、実際の制作費を変えるのではなく、自分のマインドを変える必要がある。

僕は動画の案件の話が来たとき、いつも全力を投入して最高の動画にするように心がけている。

100万円あれば、1人暮らしなら3か月ぐらいは生活できるだろう。

3か月かけて動画1本作ってくださいと言われたら、どういう動画を作るか考える。

時間をかけて戦略を考え、丁寧に仕事をし、100万円の報酬に見合った動画を作るだろう。

そんな働き方をしていると、実際にそんな案件が来るようになる。

僕はそうやって取り組んできた。

お金が持つエネルギーについて学んでから、この考え方にたどり着いた。

人は仕事をしてお金を得ている。

仕事というと作業や労働をすることを思い浮かべてしまうけれど、**誰かのために**

時間を使って、その対価としてお金を得ている。

あなたがしている仕事が、誰かの最大の愛と喜び、気づき、幸せになっている。

その充足感を得ることこそが仕事をする意味。

そんな時間の使い方ができるとき、お金持ちマインドを得て、富を築くことになるだろう。

ルール15

チップ文化がポジティブな感情を循環させる

チップはアメリカ独特の文化の1つ。

ヨーロッパにもあるけれど、アメリカはまた独特。

お金を払ってさらにチップを渡す。その習慣にはなかなか慣れなかった。

ニューヨークシティに住んでいた頃は「チップは最低でも20%」という暗黙のルールがあって、「は？ 20%？」と思っていた。

「ニューヨーカーだから」と自分に言い聞かせて、しぶしぶ払っていた。

でも慣れてくると、**チップを渡すときも受け取るときもお互いに気分よくやったほうがいいな**、というマインドに自然と変わった。

渡して笑顔でお礼を言われたら嬉しいし、僕もアルバイト時代はチップをもらう立場だったけれど、一生懸命やったことへの評価のようでとても嬉しかった。

チップ文化があるからこそ、日本では感じなかったエネルギーが街には流れている。

超人気レストランでも、ウェイターやウェイトレスの時給は驚くほど少ない。

その分、チップが入るから。

だから店員は心を込めて接客する。どうすれば客の気分がよくなるかを自分で一生懸命考えている。

店員がすごく笑顔だったり、バイブスが高いと、いい接客になる。

気を配ってくれたり、ちょっとしたスモールトークを挟んで楽しませてくれたり。その人が提供してくれた時間――それに対して僕たちの払うチップが決まる。感じよく、心地よく接客してもらったら、こちらも気持ちよくチップを渡す。

Uberを運転していたときも、常に会話をして、おすすめのレストランを教えたり、スモールトークを楽しみながら運転していた。

3分の運転で支払われたのは3ドルぐらいだったけれど、チップで25ドルもらえたときもあった。

元奥さんは、僕がびっくりするぐらいチップを払う。

「そんなに払うの？」と聞くと「だってあの人の説明、すごくわかりやすかったじゃない」と絶賛して、1ミリも後悔の念がない。

「なんだかかっこいいな」と思って、僕も「サービスめっちゃよかったよ。ありがとう」と、感謝の気持ちと共にチップを渡せるようになった。

チップという感謝の気持ちにお金を使うようになると、よけいなものにお金を使わなくなる。

「これいいな」と衝動買いしたくなるときも「本当にこれ必要かな」と、ワクワク度を毎回自分に問いかけるようになった。

「本当にこれ欲しいな」というワクワクの気持ちを高めて買うほうが断然、喜びが大きい。

チップ文化のおかげで買い物がうまくなった。

無駄遣いをしなくなった。

そんなふうに考えるのって珍しいかもしれないけれど。

16 ルール

子どもの頃の「好き」は、人生の最強のヒント

自分のやりたいことをやって生きていく。

前提として僕はそういう世界に住んでいる。

お金を稼ぐことはそんなに甘いものではない。仕事なんて楽しいわけがない。

そういう概念から抜け出さないと、僕がこれから書こうとしていることが入ってきづらいかもしれない。

そもそも、自分が何をやりたいかわからない。

そういう人は、**子どもの頃に好きだったことを思い出してほしい。**

親にやらされていたことではなく、自分が好きでやっていたことを。

子どもはエネルギーに満ちあふれ、常に元気に行動している。自分の好きなことだけを考えて、外の世界のしがらみやルール、法律に縛られることなく、家賃や食費を払う責任もなく、損得を考えず、ひたすら自分の世界観を生きている。

大人になって忘れることも多いが、**子ども心はいつも自分の中に存在していて、そんな内なる声に耳を傾けることで、自分の好きなことや得意なことを思い出すはずだ。**

美しいものを見つけて写真を撮ったり、蝶《ちょう》や虹を見て興奮したり、スポーツに熱中したり、塗り絵したり、刺繍《ししゅう》したり。

これらは僕が子ども時代に時間を忘れて没頭してきたこと。

僕の父は、ビデオカメラで僕たち兄弟の成長を撮影していてくれた。

幼稚園や学校の行事はもちろん、家の中でもしょっちゅう撮影していた。

子どもたちは撮影される側だが、僕は3歳ぐらいから撮影する側に興味を持ち、カメラを持ちたがったらしい。実際に僕が撮影している映像も残っている。

ただ撮影するだけでなく、カメラを回しながらナレーションを入れていた。

兄も弟も、時にはカメラを持つことはあったようだけれど、ナレーションまで入れていたのは僕だけだった。

「今、カメラの前でこんなことが起こっています」と実況することが楽しかった。

祖父は一眼レフのカメラでいつも孫の僕たちを撮影していた。

たとえば七五三や初詣などで神社に行くと、三脚を出して、カメラをセットして、画角を考えて「はいはい並んで〜」とやりだし、1枚撮影するのにとても時間がかかる。周りに人がたくさん通るから恥ずかしい。

「また始まったよ……」と、子ども心には面倒くさくもあったけれど、レンズを通して記録するのが好きなのは、我が家の血筋なのかもしれない。

今では僕の日常にカメラがあるのが普通だが、そんな日常は幼少の頃から始まっていた。**子どもの頃に興味を持ち、やっていたことが仕事につながり、お金を生み、自分の生活を支えてくれている。**あのときの経験を作ってくれた家族に感謝だ。

体を動かすことも好きだったし、得意だった。幼い頃から空手をやり、小学校に入ってからは卓球もやったし、ドッジボール大会にも出た。小5から小6までは野球をやって、中学校は野球部がなかったのと、肩を1回、肘を2回壊して、球を投げられなくなり、それからサッカー部に入った。

陸上競技も水泳も、テニスも、フラッグフットボールもと、あらゆる運動の経験がある。運動会はいつもリレーが好きで、50メートル走のタイムはいつも学年で1位だった。

親子リズムと言って飛んだり跳ねたりするコーディネーション（状況に合わせて体の動きや力の加減を調整する能力）を鍛える集まりにも、保育士であった母の影響もあり子どもの頃から参加していたので、最初はなんでもすぐにできるようになる。

だからこそ、壁にぶち当たるとすぐにやめてしまう傾向もあった。空手も1つの技（中段突き《ちゅうだんづ》き）だけを極めて、神戸市チャンピオンになったけれど、兵庫県大会では身長のでかい相手にボコボコにされ体格の差を感じた。

結局、長続きした種目はないのだけれど、一番長く続いたのは空手と筋トレ。筋トレは今でも毎日ジムに通いトレーニングをしているし、今でもフットサルをしたり、どんなスポーツに誘われてもある程度のレベルではプレーを楽しむことができるので、そこからの人とのつながりにも感謝している。

ルール17

自分の人生は、自分のお金で創る

「はるきは、何かやるときは必ず自分のお金でやるよね」

昔、兄に言われたことがある。

たしかに、僕は高校時代に「留学したい」と思ったとき、さまざまなアルバイトをして必死にお金を貯めた。

コンビニ、居酒屋、工場、引っ越し屋……仕事を楽しいと思ったことはなかったけれど、とにかくお金を貯めるためにがむしゃらに働いた。

結果的に全額は払えず、親が負担してくれたけれど、全面的に親を頼ろうという気持ちは最初からなかった。


「はるきは、いつもお金持っているよね」

兄からはそんなふうに言われたこともある。そう見えているのは意外だった。

僕の家族の中で、ビジネスをやっていたのは父方の祖父だけ。僕が生まれる前には亡くなっていたので、会ったことはない。

自営業だった祖父は、おそらくいいときもあったが悪いときもあったのだろう。

それを見て育ってきたからこそ、父は公務員になったのかもしれない。

そして、3兄弟の真ん中の僕が会社に所属することなくビジネスをやる（しかも海外で）となったとき、父はおそらく不安だっただろう。

基本的に好きなことをやらせてくれるし、子どもがやることに口出しはしないが、心配しているのは伝わってきた。それは母の心配からかもしれないが。

自営業で稼ぎが安定しないのは、僕の家族が抱えていたトラウマかもしれない。

でも、それは僕の代で断ち切る。

僕は祖父のトラウマを引き継ぎ、解消していっているのだろう。そして**家族のトラウマを解消すればするほど、これまでの先祖が応援してくれているのを感じる。**

収入を得るようになってから、収入に見合った家に住むこと、車を持つことなどに、最初は抵抗があった。トラウマが、僕にブレーキをかけていた。

一瞬で変わるものではないので、少しずつ「いい方向に進んでいるから大丈夫」と、ポジティブな根拠を集めて自分の中に取り込んでいった。

高額な買い物をするとき、そこに感情が乗っていないとお金を使われる側も嫌だし、何よりお金に申し訳ない。

「これ買おうかな、どうしようかな」と、迷うのではなく、**「これが欲しいから買う」と決めて「やったー！」と喜びを噛《か》みしめながら買う。**

僕は決して裕福な家庭で育ったわけではないので、お金の使い方はけっこう練習した。実はいまだに慣れている途中で、自分の感情と実際の行動がちぐはぐになってしまうこともある。

でもちょっとずつ、ちょっとずつ、解消していっている。

今は自分でギャランティの交渉をするし、やりたくない仕事はやらないようにしている。そう考えられるようになるのも時間がかかった。

相手の勢いに押されて、ボランティアのように仕事を引き受けてしまったことも何度もあった。自分の時間と技術を搾取されていたこともある。

自分の仕事とボランティア活動を明確に分けられていない、そういう自分を、少しずつ修正していった。

以前、エージェンシーに所属していたときにゲームの仕事が来た。

マネージャーから電話がかかってきて、「本当にゲームの仕事をやりたいの？」と聞かれた。

そのときふと我に返り、お金のために受けるのか、心から受けたい案件なのか、もう一度自分の中で精査できた。

お金のために仕事をすることは、お金に働かされているのと同じ。

そしてその気持ちがある時点で、その仕事を受けることが嫌になり、結局、ゲームの仕事は受けないことにした。

本当にやりたい仕事に迷いは生まれない。

ソニーやアマゾン、ユニバーサル・ピクチャーズと仕事をしたとき、そのオファーに対してはなんの迷いもなかった。そのときの気持ちを常に大切にしていく。

ルール 18

人の表側より裏側に１００倍価値がある

19歳でＹｏｕＴｕｂｅを始めた。

ＹｏｕＴｕｂｅｒになろうと思ったのは、僕が運営しているオリジナルブランド「Ｐｏｉｎｔ８」の活動を広めたかったから。無料で留学できるシステムを作りたいと考えていたので、商品の売り上げの80％を留学資金として活用している。

オンライン英会話「Ｐｏｉｎｔ８ Ｅｎｇｌｉｓｈ」も運営し、それらの活動を通じて、文化の違いや言語の壁といった課題にも取り組んでいる。

オーディエンス、お金、影響力が1か所に集まるのがＹｏｕＴｕｂｅだと思っていたので、まずは「Ｐｏｉｎｔ８」を広めるために始めた。

僕のように、日本から海外に憧れを抱いている人がいることはわかっていたので、その人たちの支援にもなる形でブランドを展開し、仕事にしようと思った。

僕がＹｏｕＴｕｂｅで友達と遊んだりふざけたり、なんでもない日常生活を発信することで、日本人がアメリカでもここまで周りの人と仲良くなれるんだな、と感じてもらえた。そして**心からの人と人とのつながりに、人種の格差が存在しないことがその動画には自然と映し出されていた。**

留学を機にアメリカで暮らすようになって、友達がいて、恋人ができて、結婚して。それって決して特別なことではなくて、自分で選択して選べる人生なんだ。

アメリカで会社を作るのは実はめっちゃ簡単。300〜350ドルぐらいだから、4万5000円ぐらい払ったら、1時間ぐらいでできる。

もちろん、こちらに住んでいて、ソーシャルセキュリティーナンバー（社会保障番号）が必要にはなるけれど。

フリーランスで仕事をしている人たちは、ある程度収入があればLLC(Limited Liability Company：合同会社)を作ったほうが税金が安く済むので、会社を立ち上げるパターンが多い。会社を作ることはゴールではなく、ステップ1。

YouTubeを始める前、ピーター・マッキノンというフォトグラファーやデビッド・ドブリックというVine（ヴァイン：かつてのインターネット上の動画共有サービス）で人気に火がつき、Vlog（ブイログ）スクワットの集団をいち早く確立させたYouTuberの動画をよく観ていた。

一番好きだったのがケイシー・ナイスタットという英語圏で人気のＶｌｏｇｇｅｒ（ブイロガー：ビデオ・ブログ＝Ｖｌｏｇを作る人）。まるでブログを書くように、日常的なことを映像で記録してアップする人が、Ｖｌｏｇｇｅｒと呼ばれている。

ケイシーはＹｏｕＴｕｂｅの中で、Ｖｌｏｇというコンテンツを最初に広げた人。今ではアメリカのＹｏｕＴｕｂｅＯＧと言われている。

一番のお気に入り動画は、ニューヨークシティのバイクレーンを自転車で走っていなくて、警察に交通違反切符を切られるもの。

ニューヨークシティのバイクレーンは、タクシー、トラックやパトカーが止まっていたり、工事中だったりするので、とても安全に走れない。

そんな中、交通違反切符を切られて警察に言われた通りに、バイクレーンを走ってみるとどうなるかという、いたってシンプルでかつ社会的に共感される動画が、彼のストーリーテリングの凄まじさを感じさせてくれる。

実際に会ったときも、あの動画はわざと、シティズンジャーナリスト風に観てもらうために、高いカメラを使わずに、安いポイントシュートカメラを使って撮ったと言っていた。

その動画で何を伝えたいか、そしてどう感じ取ってほしいかによって、使う機材にもこだわりを持って撮影されていた。その動画は現地のラジオや多くのメディアにも取り上げられ、彼の代表作の1つでもある。

Ｖｌｏｇは僕を含めた一部の人たちのライフスタイルになった。

何百万人もの人たちが、**自分のライフスタイルをＶｌｏｇを通して表現して、観てくれる人たちと共有する。新しいライフスタイルだ。**

地球の反対側に住んでいる人とも共有できるのだからワクワクする。

将来は地球の外からＶｌｏｇをしているかもしれない。

「ケイシーとコラボするキャンペーンがあるよ」

２０２２年のある日、元奥さんが教えてくれた。

僕はいつかケイシーとコラボすることを目標にしていたので、「え、それってもしかして僕のためにあるの？」と思ってしまった。

世界中を対象に開催され、上位5名にはアメリカの彼のオフィスへ招待、そしてケイシーと動画を制作できる権利が与えられる。

コンテストに動画を送って、1週間か2週間後にトイレに座ってナンバー2（大便）をしていたときに合格のメールが来た。

iPhoneとかマイクロフォンなどのコンテンツクリエイター向け撮影用品を作っているJOBY（ジョビー）という会社からで、「一緒にニューヨークシティでケイシーと動画を作ります」と。「人生が変わる瞬間になると思います」という言葉も書いてあった。

「スパムメール？」と思うくらい、まったく信じられなかった。後で入賞者（アメリカ、ドイツ、イギリス、インドネシアのクリエイター）が集まったとき、みんなも「スパムメールだと思った」と言っていた。それぐらい、嬉しい驚きだった。

実際にコラボしたのは2日間。1日4、5時間ぐらい一緒に行動し、彼の動き方をずっと見せてもらった。3年間1人で100万回再生を超える動画を毎日上げ続けた彼の手法を教えてくれた。

それ以外の時間でBeme（ビーム：2～8秒の無編集動画投稿ができる）という会社を設立、後に2016年、CNNに2500万ドルで売却する。

一人ひとりと動画制作をして、他の人が撮影しているときは彼が作ったクリエイターが集まれるスタジオ368に集まった。「そこに行ってて」と言われ、僕はひと通り中を散策して、他のクリエイターとスモールトークが終わり、その場所に座っていた。

すると入ってきたケイシーが「君、なんで座ってるの？」と。嫌な言い方ではなく、頭の回転が速い彼は常にテンションが高く、思ったことはすぐ口にするので、ただ単に僕が座っていることが不思議だったのだと思う。編集していたり、何か作業をしていれば言われなかっただろう。

英語で「Movement creates emotion」という言葉がある。「体を動かすことによって感情が動く」という意味。彼の場合はまさにそうで、常に動いていることで感情も動くし、頭も回転する。しゃべっていても常に会話をリードしている。

あのときのケイシーの言葉は、僕がさらに成長するために必要な言葉だったと後から実感した。そして僕が毎朝歩いたり、走ったりするようになったのも、彼が毎朝走っていて（このあいだもフルマラソンをサブ3〔3時間を切ること〕で走りきったぐらい）、目の前のお手本となる先生として存在するからだ。

そして**人の表側を見るよりも裏側を見るほうが、100倍価値があることをそのとき実感した。**

ケイシーと過ごした2日間は、ずっと思い描いていた目標だった。

常にアンテナを張り、情報を集め、周りにも発信しておけば、何かきっかけをつかめるかもしれない。

第3章

超自分軸で夢を叶える「NO」と言う習慣

ルール 19

「NO」のひと言が自分を大切にする

日本人はNOと言うのが苦手だと言われているけれど、僕もそうだった。
もしこの人の誘いを断ったら嫌われてしまうのではないか、つきあいが悪いように見られるのではないか？　この仕事を断っていいのだろうか、みたいにぐるぐる考えてしまいNOと言えず、我慢してYESと言ってしまう。
心の境界線を引くのが苦手だからだ。

「ここまではいいけれど、ここから先は絶対にダメ」ときっちり線を引くことが大切だ。

たとえば「原則として休日は自分の時間だから仕事は引き受けない」とか「これは大切にしているものだから絶対に貸すことはできない」と自分で決め、相手にも伝える。透明なバリアのようなものだ。

境界線を自分で作れない人たちには、押しの強い人、遠慮のない人が、どんどん入ってくる。
まさに僕がそうだった。

NOと言えるようになったのは、元奥さんの影響が大きい。

あるとき、僕と元奥さんと元奥さんの知り合いの男性と3人でドライブをしていた。

運転していたのはその男性。

途中で3人の意見が分かれて口論になった。すると、彼の運転がどんどん荒くなっていった。彼に落ち着いてもらうため、車を停めてから「今の運転はおかしい」と伝えるべきだと思った。

口論になった原因とはまた別に、怒りをそういう形で表すなんておかしいと伝えたかった。抗議ではなく、向き合って話し合おうとしていた。

そして1時間前後そんな空気の中でドライブは続いた。

現地に到着したときに話し合いの場を設けることにした。

その人はかなり年上でお金も地位も手に入れている人。でも、運転を荒くするという行動に出て僕たちを威圧するのはよくない。今後は絶対にやらないでほしい。

そうでないと、僕たちはつきあえない。そもそも運転中にスマホを見ていたこともおかしいと伝えた。

年齢も上で、立場も上の人にでもはっきり「NO」と言えることは、自分の思いを、そして自分を大切にすることにつながる。

このとき、もし僕と彼が2人で乗っていたら、「まあいいか」と流していたかもしれない。僕はConfrontation（向き合うこと）がとても苦手。

元奥さんがいたから言えたけれど、とりあえず無事にドライブが済んだならもういいや、となっていただろう。

でもそれは自分の命を大切にしていないということ。自分だけの問題ではない。

僕が命を落としたら悲しむ人がたくさんいる。

一方的に怒ったり主張したりするのではなく、自分の境界線を越えてきた行為にきっぱりとNOを言う必要がある。まさにConfrontation。向き合うべきだ。

僕は映像の仕事をし始めた頃は、呼ばれたら無料でも撮影を手伝ったりしていた。当時、恋人だった元奥さんは「ちゃんとお金払われているの？」「無料の仕事ばっかりしているのはおかしいよ」と僕に忠告した。

新しい事業をするときや、他の会社の人たちと組んで仕事をするときも「この人は本当に必要？　はるき1人でできるんじゃない？」と、ガンガン言ってくる。

僕はつい「この人にも利益があるようにしてあげよう」と考えてしまう。

そのあたりは指摘されて、自分の考え方のパターンだとも気づいた。

このあいだも日本の有名な自動車メーカーの人から連絡があった。

アメリカに来るからアテンドしてほしいと言う。送ってきたメッセージは「そんなに拘束はしないと思います。お礼はします」という感じだった。

それを読んで、すごく引っかかった。僕にやってほしいことはホテルからサーキットまでの移動――要は車出し。ちょっとした移動のときに来てくれると助かるということだろう。僕の住まいからは1時間離れた場所でもあり、ロケーション的にも不便な送迎であった。

引っかかったのに、「頼まれたんだからやるべきかな」と思ってしまうのが僕の性分。自動車メーカーの人だから、今後動画でスポンサーになってくれるかもしれないし……などとメリット・デメリットを天秤《てんびん》にかけていた。

でもそれは僕の勝手な期待。思い通りにならないと、裏切られた気持ちになってしまい、なんで自分の貴重な時間を使ってしまったんだろうと後悔することになる。

他人からの誘いが自分の時間とエネルギーを奪う原因になっているなら、それは自分の中で期待があり、その期待が満たされていない状態。空っぽのコップを持って行っては、空っぽのコップを持って帰ってくるようなもの。

参加したいと思えない交流は必要ない。そんな軸で動くことが大切だ。

いろいろ考え、そのときは結局「Uber を頼んだほうが安いですよ」と断った。このときは自分で判断できた。もし元奥さんに相談していたら、「それってはるきの本当にやりたいことなの？」と聞かれていただろう。

自分をケアしてあげられるのは自分。他人に流されず、自分の時間を大切にしている人こそが、自立して自分軸で生きていける。

最初はNOと言う勇気がいるかもしれないが、相手からの誘いや依頼を断ることが自分への愛につながることを体感すれば、きっと明日から、いや今日から、新たな自分との素敵な出会いが待っているだろう。

ルール 20

他人に干渉されないルーティンを作る

「明日ハワイ行くけど、来る？」

たとえば友達に誘われたら、「行く！　絶対行く！」と即答したい。

僕にとって一番大切なものは自由と挑戦。

時間と場所に縛られる仕事をしていたらそんな誘いには乗れないから、フリーランスという働き方を選択した。もちろんフリーランスとはいえやらなければいけない仕事があるので、必ずしも明日からハワイに行けるわけではない。

そのときは「僕はこのスタイルでの働き方を選んだんだ。仕事だって自分の選択でやっているんだ」と、自分を納得させることができる。

ハワイに行けなくても、自分が選んだ結果。本当に嫌ならいつでもやめられる。

そう考えていれば、どんどん自由になっていく。

僕は、朝6時に起きて、走りに行くようにしている。そして14時までは自分の時間——自分の目標を追う時間、自分に集中する時間、成長の時間——だとルールを決めている。仕事は自分のためだから、自分の時間に入る。人とも連絡を取らないし、人を助けることもしない。

先日、友達から、レストランの撮影に行くから手伝ってほしいとメールが来た。そのとき僕は6本ぐらい動画のリールを編集しないといけなかったし、頼まれた時間は14時前。友達にはヘルプには行けないと「NO」の返事をした。

でも僕は、自分の決めたルールに対して「YES」と言ったのだ。

これまでの僕なら、おそらく「YES」と答えて手伝いに行っている。「仕方ない。今日だけは例外だ。手伝ってあげよう」みたいな。自分がそれをやりたいかやりたくないかを考えもせず、どんどん周りに親切にしてしまって、後々気づいたら自分のやりたいことを今日もできていない……と、肉体的にも精神的にもどっと疲れることが多かった。

それは自分が決めたスケジュールに対して「NO」と言っているわけで、自分を大切にしていないし、1日の終わりの満足度も低い。そして時間が足りず、焦った状況になり、仕事でいい結果を出せなくなったりもする。

今のような生活にしてからは、まずは自分のことを考えるから一つひとつの仕事

にフルに集中できるし、自分のことを終わらせて余裕があれば、人を助けることもできる。

14時までは自分の時間というのは、インド・スリランカで生まれた伝統医療、アーユルヴェーダの考え方から。世界3大医学の1つで、5000年以上の歴史を持つ世界最古の伝統医学だ。

僕は昨年から、アーユルヴェーダクロックを実践している。

日の出前に起きるといいとされているので、なるべく6時前に起きる。

運動のエネルギーが高まるこの時間帯に1日の活動を開始することで、そのエネルギーを利用してその後、夜まで心地よく過ごすことができる。

早起きして散歩して、筋トレして、プールに飛び込み、メディテーション（瞑想《めいそう》）して——この4つをするだけで1日の始まりが充実する。あと、本を読んでオーディオブックを聴いて、先人の知恵を受け取るというタイムトラベルの時間にもあてている。

10時から14時は一番目が覚めていて、一番集中して物事に取り組める時間。処理能力が高まるので、大切な仕事や勉強はこの時間にやるといい。

だから僕は自分の時間として大切に過ごしている。

14時から18時は行動力やコミュニケーション力を発揮して、企画を実践していくのがいい時間帯。クリエイティブな深い会話をしたり、ソーシャリゼーション――社会と関わる時間にしている。

夜は、22時頃には夕飯が消化された状態で眠りに就くのが理想的。

22時からは新陳代謝が活発に行われ、深い眠りに入れるノンレム睡眠の時間帯だから、なるべくこの時間には寝るようにしている。

仕事をしないと気が済まないタイプなので、このリズムが崩れて朝起きるのが遅くなると、すべてのスケジュールが押し、夜12時まで仕事をして寝るのが1時を過ぎることも。

そうなると6時には起きられなくて、10時頃になってしまう日もあるけれど、調子がいいときは無意識的にアーユルヴェーダクロックを守っている。めっちゃ満足度が高いし、自分がやりたいことに対しての焦りがどんどん消えていっている。

朝の僕の習慣は自分の世界観。僕が勝手に決めて、僕の都合で僕のためにやっている。元奥さんに何かを手伝ってと言われても、「自分のことが終わったら手伝うよ」と伝えていた。僕がこの生活をするために重要なのは、身近な相手がどれだけ自分のことを理解してくれるか。

でも逆の見方をすれば、自分を理解してくれる人だけが周りに残ればいいというもの。少し冷たいようにも見えるかもしれない。

僕が実践している時間軸に合った人たちだけが自分の世界に残るから、お互いに心地よく、高め合いながらつきあうことができる。僕のやり方を批判する人や時間軸から外れる人は、自分の世界から見えなくなり消えていく。

満足度の高い生活には、時に人間関係の断捨離も必要なのだ。ただ、その人たちは自分の世界に今は映っていないだけであり、僕の中にまたスペースが空き、自分の世界に帰ってくるときは存分につながればいいのだから。

ルール 21

自分の理想を想像し、心をPayする

「注意を払う」は英語で「Pay attention」。

同じ「払う」という言葉が使われていて、アテンションってペイするもんなんだな、と、英語で聞くとさらにＰａｙするイメージが湧いてくる。

僕は英語をしゃべるようになってから、言葉の語源を深く掘っていくようになった。

「注意を払う」は英語が日本に入ってきてから「Pay attention」を翻訳した言葉のようだ。英語が先で日本語が後。「関心を払う」「敬意を払う」「犠牲を払う」などもそう。「あることに心や力を傾ける」ことを言う。

Ｐａｙには払った分だけ得するという意味がある。

お金を払うときは、できれば自分が心から欲しい価値のあるものに払いたい。

注意を払うのも、できるだけ価値のあることに払いたい。

何に自分の注意を払うかによって、結果も変わる。注意力とは、認識したいものだけを識別し、焦点を当てる能力。家の中でも外の世界でも、人は常に注意を払って生きていかなくてはいけない。僕たちは何に注意をして生きていけばいいのか、幼稚園、保育園、学校、教会、テレビ、会社、家庭などを通して学んできた。
横断歩道を渡るときに車に注意するなど、物理的な注意も必要だけれど、他人の気持ちにも注意を払う。でも他人に注意を向けすぎてもいけない。バランス感覚が必要となる。

日本の授業やテストでは、書き手の言いたいことを読み取ることが求められる。アメリカの授業では自分の意見を求められる。

自分の理想の姿を形にしたければ、自分に注意を向ける。イコール自分に集中するということ。そして、夢を叶えるときはその過程に注意を向けるべきだ。

自分の理想となる姿に、注意を払ってみよう。

神社に行って絵馬を書いたり、七夕の日に短冊を書いたりは誰でもやったことがあるのではないか。願いを叶えるためにはすべて書き出す。
その際に「自分は○○が欲しい」と書いたりすると、「今は○○を持っていない。

手にしていない」ということに注意が向いてしまう。

そうではなく**「自分は〇〇を手に入れた」と書く。**

自分が理想の姿にすでに到達しているという言葉を書く。思いが叶ったときの喜びの感情をイメージし、感じ取り、そのビジョンに注意を払い、集中する。

常にその感情に注意を払っていれば、自分の言動も変わってきて、どんどん理想の姿に近づいていくはずだ。

それと同時に、その目標にたどり着くまでの具体的な行動をすべて描き出せるぐらい明確になれば、忘れないし、次に向かう矛先が明確になる。

たとえば、アメリカ留学を通して「最高の自分」に出会い、グローバルに活躍できる人材が集まったコミュニティと、その家族が幸せに暮らしている姿を想像してみる。その場にいる自分はどれだけ満たされているだろう。どんな感情になっているだろうか。**そのビジョンそのものが、アメリカ留学に向けて動く原動力**となる。

そして抽象的な言葉を具体化するきっかけにもなる。

たとえば、「最高の自分とは?」「最高って?」「自分って?」など。

注意というのは「どうせ無理だ」「叶うわけない」「成功するか不安」というネガティブな方向に向いてしまいがち。あとは「こっちのほうが楽」「こっちのほうが居心地がいい」「今日はサボろう」と、簡単なこと、楽なことに傾きがち。

誰しもがそうなりがちなことをまず理解して、あえて注意をポジティブな方向に向けていく。

毎日自分の欲しいものや形にしたい姿を想像して、そんな未来の自分の姿とつながりを感じることができれば今の自分の原動力となって、行動する力と化す。

そして不安や恐怖を無視するのではなく、それは今、自分が今までに経験したことのないステージに挑戦しようとしていて、未知の領域にチャレンジしているからこそ体は抵抗し、心は不安を感じているのだと理解しよう。

ルール22

自分のライフスタイルに合わせて試行錯誤する

僕には完璧主義な側面もある。ＹｏｕＴｕｂｅを始めたものの、なかなか動画投稿ボタンが押せなかった。何回も編集を繰り返しては、数日寝かせて、また動画を見ては再度編集する……。そんなループにはまっていた。

何度も繰り返し、完璧を求めれば求めるほど、完璧というものは存在しないことに気がついた。


人はみんな不完全。そしてアートこそ不完全で、その部分に人間味が出る。

その人間味こそが個性であり、人はそこに人としてのつながりを感じる。

そして自分から見た完璧な作品は、別の人の目には完璧には見えない。逆に自分から見た未完成な作品が、他人から見たら完璧に見えるかもしれない。

人生のすべてはリハーサルで本番は存在しない、または、すべては本番でリハーサルは存在しないとも言える。

「このシーン、こうできたな」という反省は、どんな作品においても絶対にある。

完璧を求め続け、人の目に触れることなく終わるのか？

未完成でもとりあえず発表して、そこから学んでいくのか？

僕は、後者を選択すべきだと気づいた。未完成な自分を受け入れることで、より創作活動も楽しくなる。いったい何を恐れていたのだろう、と。

反省点は次の動画に活かせばいい。次のプロダクトでどんどん直していく。日本のプロダクトってどちらかというと完璧なものが多い。

アメリカのプロダクトは、そういう意味では試作品でも、とりあえず出すというトライの姿勢が多いように思う。そして、次の一手が早い。

おそらくＥＶ（電気自動車）もそうじゃないか。僕が乗っているテスラも作りが雑という意見もあるが、製造し、欠陥を修正し……と、どんどん出していく。出すことでデータが集まり、さらに改良し……という姿勢だと、僕は受け止めている。実際、アメリカでは自動運転が実現している。

何かを始めるときは誰でもビギナー。失敗しても、ずっとやり続けるしかない。行動しないと、そこにたどり着けない。朝起きて「今日はしんどいな」というときは絶対にある。「今日は50％ぐらいしかできないな」と思ったら50％やる。

しんどいときも、しんどいときなりに動いてみる。全然進んでいないなと感じるときも、何かしら動く。そのプロセスを楽しめるのか。理想像に近づいていく過程が楽しめるかどうか。そのあたりが鍵となってくる。


たとえば僕の場合、一時期はやめていたけれど、最近になって再開した筋トレはめちゃめちゃ楽しいいし、やらないと1日が始まった気がしない。筋肉が強化されていくプロセスが楽しい。

今やっている動画制作も、いつかは映画になったら……という夢もある。

夢に近づいているかはわからないけれど、もし今やっていることの先に映画があるのなら、たどり着く過程を目いっぱい楽しみたい。


英語学習の場合、僕がアドバイスしているのは「自分の方法を見つけよう」ということ。その人を見て、向いている学習法を勧めることもあるけれど、やはり自分で見つけてほしい。

たとえばシャドーイング（英語音声の2語ぐらい後をシャドーのようにつけて発声する英語トレーニング方法）をするときも、その人のライフスタイルに合ったタイミングでやるほうが続くし楽しめる。

明日、朝早く起きなくてはいけない人からすれば、座ってシャドーイングする時間を作れないかもしれない。そういう人は、たとえば目的地の2駅ぐらい前で降りて会社まで歩いていく時間を作ってシャドーイングをしながら歩くなど、その人のライフスタイルに合った英語の勉強の仕方を見つけて、とにかくやり続けよう。

完璧を求めるのはいいけれど、完璧ではないからと、英語を話さないのでは成長しない。英語を話せるようになることが夢ならば、英語を話している自分の姿を思い描いて、一歩一歩近づいていくしかない。

インプットしたらアウトプット。

不完全でもアウトプットを恐れては、決して成長しないだろう。

ルール 23

iPhoneもテスラも、すべては想像することから始まった

中学校の校舎に入っていくとき、スロープがあった。下りていくとパッと視界が開けて校舎が見える。ある日、スロープを下っているとき、自分が白人の女の子とつきあっている……あるいは結婚している？　どちらかはわからないけれど、とにかく白人の女の子と一緒にいるイメージがふわりと降りてきた。

今でもそのときの場所と、浮かんできたイメージは完璧に覚えている。顔ははっきりわからない。でも髪型やスタイルは今でも覚えている。

約10年後、僕はそのときのイメージによく似た元奥さんと交際し、結婚した。

小学生の頃、空手をやっていたときも、大会前にどこかでトロフィーがバーッと並んでいるのを見て「あのトロフィー欲しい」と思った。

そして、自分が手にしている姿をイメージしていたら、本当に大会で優勝してトロフィーを持って帰れた。

運動会で絶対1位になると心に決め、思い浮かべていたときも、1位になれた。

イメージが頭に降りてきて現実化する体験は、その頃から何度も経験していた。

中学生の頃、カフェで英語を流暢に話すビジネスマンを見て、自分もそうなりたいと強く思った。その日からずっと、英語をしゃべる自分の姿をイメージしていた。そして数年後、英語をしゃべっている自分が存在した。

留学に行きたいと強く思い願ったときも、無償で2年以上もホームステイさせてくれたアメリカ人家族とつながり、今ではアメリカでの家族になった。

思いが強くなると、すべてが変わっていく。

ただ、そんな奇跡みたいな現象も行動した先に待っていたものであり、座って願って叶ったものではない。泣きながら、叱られながら、謝りながら、断られながら、怪我しながらでも進んだ先に出会った奇跡だった。

心が変わると、毎日の習慣が変わり、行動が変わり、結果が変わり、人生も変わる。自分の周りに存在する人たちも、自分が心に秘めている何かしらとつながりがある人たちになる。

僕はずっと夢を見ているのかもしれない。
自分が苦しい世界にいても、しんどい世界にいても、それは自分が見ている夢で、新しいものをどんどん描いていけると信じていた。

今の生活に満足していない人も多いだろう。
今の生活は今を支えるための一時的なものと考え、**自分が好きなことをして生活をしている姿を強くイメージしてみてほしい。その世界こそが、あなたがいるべき世界なのだと強く信じて実感してほしい。**

僕が初めてテスラに乗せてもらったときは、スペースシャトルに乗って空中に浮いているような感覚だった。その後テスラに試乗し、レンタルしていろんな場所に出かけ、今はテスラを運転している。

すべては自分の頭の中から始まっていて、信じているものが外の現実世界に形となって現れる。**iPhoneだって、スティーブ・ジョブズの頭の中から始まった。**

どんなプロダクトもサービスも、すべては人間の脳内から始まる。

そう考えると、自分の姿を創造するのも、自分の脳内から始まるということ。

現在の自分の姿は、過去に思い描いた世界が現実の世界として存在しているのだ。

常に今より上をイメージして、意識を高めておく。

その空間にいる自分自身の姿を想像し、創造し続けて行動していたい。

ルール 24

スーパーマーケットの棚一面の選択肢が自分の体を作る

日頃からどんなものを口にしているだろうか？

自分の好きなもの？　健康にいいもの？

僕は母親が食生活にこだわる人で、庭で栽培した無農薬の野菜を食べたり、買ってくるものもオーガニック食品だった。

「ファストフードは毒」と教えられていたので、今でも口にしないし、食べたいとも思わない。小学校の頃、学校で言ったら「はるきくんがマクドナルドは毒って言っている」と周りに驚かれた。


「アメリカの食事で好きなものは何？」と、聞かれることがある。

でも逆に聞き返したい。**アメリカの食事って何？**

BBQやハンバーガー、ファストフード？

アメリカは、食文化が豊かとは言えない。日本は小学校1年生から、食事や栄養の授業があるけれど、アメリカにはまったくない。


アメリカに来てから、僕は日本にいたとき以上に食事に気をつけるようになった。

アメリカは肥満大国で、60％以上の人がＢＭＩ（Body Mass Index：体格指数）によりオーバーウェイトと言われている。スーパーマーケットに行っても、健康的な食品と化学調味料をふんだんに使った不健康な食品の差は歴然。ファストフード文化もいまだに根強く残っているし、自分で栄養学について勉強しないと、クリーンダイエットをするのは難しい。

朝食にパンケーキやシリアルを食べる人も多いけれど、朝からそんなに糖質を摂ってインスリンを高め、また糖質が高い食べ物が欲しくなるループにはまる。

そして気がつけば糖尿病や心臓病になる。

それで儲かっているのは医療システム。アメリカの食事が変わるのは国民の意識が変わったとき。と、日本での食生活を知っているからこそ気がついた側面だ。

もちろんヴィーガン（完全菜食主義者）やペスカタリアン（魚介類は食べるが肉類は食べない食生活の人）の人もいるし、食生活に気を配っている人もいる。

食にこだわっている人と出会うと、かなり話も弾むし、共感し合える。

スーパーマーケットに行って卵を買うにも４種類ある。レギュラー、ケージフリー、フリーレンジ、パスチャー・レイズド。レギュラーで育ったチキンは動き回るスペースも、外に出て太陽を浴びる機会もない。ケージフリーは歩き回るスペースはあるものの、外に出る機会はない。フリーレンジは外に出る機会はあるが、限られたスペースのみ。パスチャー・レイズドで育ったチキンは、草地を走り回るスペースがあり太陽をたくさん浴びて育っている。

卵ひとつにしてもどんなものを口にするか気をつける――すべては自分の体をどれだけ大切にしているかにつながってくる。

僕は食生活にこだわりがあり、お酒がなくとも心を開いて本音で語れる友人との集まりにしか行かない。そもそも本当に会いたい人がいるときしか行かないし、本当に会いたい人は僕の考えをよくわかってくれている。

とはいえ、ジャンクフードのお店に行くこともあるけれど、サーモンとかチキンとか、何かしら自然の素材のもの、バランスよく栄養が摂れるものを選んで食べるようにしている。

いつだったか世界中からインフルエンサーが30人ぐらい集まってロードトリップする企画があったとき、スケジュールの中で夕飯はIn-N-Out Burger（イン・アンド・アウト・バーガー）に行くことになっていた。

いや、これは食べたくないなと思いながら、とりあえず店に入ってメニューを見てみた。やはり食べたいものはない。そしてお店の雰囲気から自分に合っていないとも感じた。迷っていたらほかにも2人、食に対する姿勢が僕と同じ人がいた。

結局、僕たちは誘い合ってメキシカンレストランに行った。

自分の嗜好《しこう》優先で、しっかり軸を持っていれば、似たような人が周りに集まってくる。我慢したり妥協したり罪悪感を持つことなく、よけいな気を遣うことなく、快適な空間を作ることができる。

「Ｐｏｉｎｔ８」の留学支援をする際に、候補生の中でおもしろい論文を書いている子がいた。ごはんの食べ方に文化が反映されている、という内容だった。

スペインとか南米の国に行ったときに、みんなでごはんをシェアして食べていた。そういう国の人はフレンドリーだし、周囲に気を配り、シェアする文化ができあがる。

日本の場合、東京はわりと配膳は一人ひとりだから個人主義。大阪はお好み焼きとか、シェアして食べる食事が多いから、けっこう周りに寛容。**食事の仕方ひとつとってもそれぞれ傾向があるし、文化に現れている。**それが世界中となると興味深い……という内容で、なるほど、と思った。

そういえば一般的なアメリカのスーパーマーケットには「旬の野菜」が置いていない。

帰国したときにスーパーマーケットに行って、「そうか。季節によって置いてある野菜が違うんだ」と気づいた。

子どもの頃は庭で作ったキュウリやトマトをもいで食べていた。

旬の野菜はその土地で受け継がれてきた伝統的な食文化を守ることにつながるし、栄養価が高く、人間の体にとっても理にかなっている。

最近はファーマーズマーケットに行ったりして、旬の野菜や果物を摂るようにしている。スーパーマーケットも品ぞろえがよく、できるだけバイブスがいいところから買っている。

自分の体を作る食品にはこだわりたいし、添加物などよけいなものは、なるべく体に入れないようにしている。そんな考えも、アトピーだった兄の存在により、母がオーガニックや食事を気にかけて学んだ努力の結晶なのだ。そんな知恵を自立する前から受け取っていた僕は幸せ者で、それは家族の宝だ。

食べ物が人を作る。英語では「You are what you eat」。

体に何を入れているか、僕はきちんと脳でも理解していたいし、納得していたい。

ルール25
他人の成功に嫉妬を感じるのは、その人の過程を見ていないから

ＹｏｕＴｕｂｅで、ダルビッシュ有《ゆう》投手が大谷選手について語っているのを観たことがある。

「大谷選手が素晴らしいのは、日々の過ごし方や、トレーニングの組み方、栄養の摂り方がすごいこと。ただ打つ姿を見てすごいすごいと言っているだけでなく、裏の顔を見なくては近づけない。僕はその姿を知っているから驚かない」……というコメントだったと記憶している。


成功した人への嫉妬心が強い人は、どんなときに嫉妬心を抱くのだろう？

きっと「なんでアイツだけ？」「自分のほうが努力したのに」「アイツは運がいいだけだ」など、自分が苦労して努力を重ねてきたのに、成功した人はあっさりこなしているように見える瞬間ではないか。

起業してお金持ちになった人を見て、おもしろくない気持ちになる人も多いだろう。でもその人と同じ努力や犠牲を自分ができるかといったら難しい。

他人が成功や達成したことに対して１００％の気持ちで「おめでとう」「すごい

ね」と言えない人も多いと思う。自分の中に存在する嫉妬と相手から感じる嫉妬、どちらも同じだけ存在する。

でもそれは、**成功した姿しか見えていないから。**ダルビッシュ投手が大谷選手について語った通りで、成功した人がどんなに努力しているか見ていないから。

とはいえ、大谷選手に嫉妬する一般人はほとんどいないだろう。

嫉妬は自分と近い境遇の人に対して起こる。

王様が冠を持っているのは普通なのだから、王様は嫉妬されない。

手の届きそうな人間が何かを持っているときに、嫉妬や誹謗《ひぼう》中傷をされまくる。

何かを達成したとき、どんなテンションでどんな人たちに、その成功を伝えているだろう？　何かを達成したことを褒めてもらいたい、努力を承認してもらいたい、と承認欲求の塊になって、自分の達成を相手に自慢するかのように伝えていないだろうか。成功したら自慢しまくりたいし、いいものを手に入れたら見せびらかしたくなるだろうし、報告したくなる気持ちはわかる。

でも、それをとくにSNSなどで不特定多数が閲覧できる形で発信するときは、自分のトーンも大切であるし、オーバーにしすぎないことも大切で、**本当に祝ってくれる人だけに伝えることがもっと大切だ。**

僕だってYouTubeで「これすごいでしょう」という見せ方をしたら、絶対に叩かれる。自慢しなければそんなことはない。

僕は音痴だから、歌のうまい人に嫉妬していた。人前でうまく歌っている人を見ると羨ましいし「あんなふうに歌がうまかったらなあ」と憧れる。

歌のうまいヘタにはポテンシャルの問題もあるとは思うけれど、どうしてもうまくなりたければボイストレーニングに通うなど努力をすればいい。高音が出なくても、低音の役目がある。大勢の観客を感動させるほどうまくはなれないだろうけれど、歌う楽しさは味わえるかもしれない。

とはいえ、僕の場合、そこまで歌を努力する気はないのだから、それほど強い感情ではないのだろう。それに、今ではそんな自分が存在することと、そんな自分がいるからこそ、**歌がうまい人を見たときに圧倒され、感動を覚えるのだと気づいた。**

自分ができないことをしているからこそ感動するし、リスペクトもする。

人それぞれに役目が存在し、僕の場合は歌で人を感動させることではなかった。

人は自分の役目と出会ったときに、輝きを放つ。


僕自身、最近は嫉妬の感情がどんどんなくなってきた。

自分自身と自分の生活に満足していれば嫉妬心はなくなる。そうすると同じバイブスの人たちが集まってくるから、周りに嫉妬するタイプの人もどんどん消えていく。**嫉妬の感情を持っている人とつながることもどんどん少なくなっていくから、結果的にどんどん生きやすくなっていく。**


嫉妬といえば、恋愛関係にはつきものだけれど、僕は元奥さんに対して、束縛する感情はまったく湧かなかった。

「もしも僕のことよりも好きな人ができて、その人と人生を歩みたいのなら、それが本当の幸せになるのであれば、そっちの道を選んでほしい」と言ったことがある。

自分が好きな人には幸せであってほしいし、誰かを束縛するのは好きじゃない。
とはいえ、いざそのときが来たら、落ち着いてはいられないのかもしれないけれど。

ルール26

マッチョと美髪は一朝一夕の頑張りでは手に入らない

男磨き・自分磨きをすることは、僕の一生の課題とも言える。

僕も日々男磨きをして、外見と内面のバランスが取れた、今よりももっと魅力的な男性になり、人間として成長し続けようとしている。


自分を知る、自分と向き合う、自分らしく生きる、やりたいことを見つける……など、内面についてはこの本でも語ってきた。ここでは外見の話をしたい。

僕は人を見るとき「この人って、続けることができる人なんだな」と判断する点が2つある。


1つはマッチョな人。この人は習慣で運動をする人なんだな、と、すぐわかる。

男女に関係なく、免疫力を高め、健康に生きていくためにも、運動を通して筋肉を鍛え心臓を鍛えることが大事だ。

動物の世界は、弱肉強食の世界と言われるけれど、人間の世界もそう。

この世は肉体の世界だからこそ、自然の摂理だ。生き延びるためには強い体を作り続ける必要がある。

トレーニングは1日にしてならず。毎日やるのはたいへんだ。毎日の積み重ねが、体を構成していく。マッチョを仕事にしていないマッチョに会うと、さらに尊敬するし、刺激になる。「今日は面倒くさいな」「時間がないな」という日はきっとある。でも彼らは自分との戦いに勝ち続け、誘惑に負けずに日々続けてきた。

継続するという意志を強く持ち、実践し、自分を追い込むことができるのだ。

以前、背中を傷めてしまい、筋トレをやめていた時期があった。5年ぐらいはできなかった。その間にも何度かジムに行ったけれど、昔は扱えていた重量も扱えない自分が歯がゆかった。

軽く体を動かして帰ってくると背中が痛くなって、次の日は寝ていなくてはいけないこともあった。もう自分は一生筋トレができない体になったのだと、悲観的になっていた。

でも痛みとの戦いを何回も何回も繰り返して、数年前ぐらいから、軽い重量から少しずつやっている。あきらめずに継続し、最近になって以前と同じぐらいの重量を扱えるようになってきた。良質なプロテインを積極的に摂取するなど、内側から取り入れるものにも気を遣っている。

筋肉は自分が頑張った分だけ大きくなる。努力が目に見える。筋肉は裏切らないとよく言うけれど、まさにその通り。ついた筋肉を見ると自信がつくし、自己肯定感も高まる。筋肉によって人生が変わると言っても過言ではない。僕はそう感じている。

それは筋肉だけにかぎらず、ランニングでもそう。最初は3キロ走るのが辛かったけれど、今は5キロ走ってもまだ走れそう。**体を動かすことから、何かを積み上げていく成功体験や継続体験を自分のライフスタイルに取り入れている。**

もう1つは長髪の人や、刈り上げが常にきれいな人。僕はけっこう髪型をよく変える。ニューヨークにいたときは行きつけのバーバーショップ（理容室）があって、担当の理容師さんとも親しいし、理容室に行くとすごく落ち着いた。

ＹｏｕＴｕｂｅでヘアカット動画を上げることもある。こっちでは額を出したフェードカットが一般的。

フロリダではお気に入りのバーバーも見つからず、そしてめっちゃ伸ばしたい気持ちにもなっていて、フロリダにいたときが人生で一番長く伸ばしていた。

でも動画では「長くない?」「いつ切るの?」と聞かれるし、元奥さんには「とりあえずフェードしてくれれば?」と言われていた。

「いや、髪の毛伸ばしたいんだよね」と答えると「わかった、わかった」とその場では頷くけれど、しばらく経つとまた「サイド切ってきたら?」と言われてしまう。

長髪の人を見ると、そこまで伸ばす過程で髪をまとめるのがたいへんなときもあっただろうし、僕のように周りから「切ったら?」と言われたときもあっただろうに、切らないで貫き通している。だから、とりあえずその段階を乗り越えた人として、リスペクトしてしまう。

それと同時にいつ見てもフェードが決まっている人もまた、2週間に1回とか1か月に1回はバーバーに通う習慣があると思うと、人は見た目で判断できないし、英語ではDon't judge by it's cover、本を表紙で判断するなというフレーズもあるけれど、**外面が内面をも映し出すということが言える**だろう。

ルール27 同じバイブスでつながれる人こそが同志であり戦友

アメリカに行きたい。高校生の頃、強く思ったけれど、長期で留学に行くお金は自分で貯めるしかなかった。それでも留学に行くことしか考えていなかった。親とも何回も泣きながら話し合った。

僕は留学に行きたいと何回も何回も毎日毎日そのことだけを考え、掛け持ちでアルバイトをしてお金を貯めた。そんなとき、中学時代の先生が、大学院生のときにお世話になったホームステイ先を紹介してくれることになった。

目標に向かって必死に努力したことが報われた瞬間だった。

人生はとてもシンプルだ。自分の欲しいもの、なりたい姿を「聞く」「信じる」「受け取る」。この3つのステップでできている。

自分自身はニュートラルなポジションを保ちつつ、自分の軸を曲げない。

基本は待ちの姿勢でいるが、自分の夢へ動き続ける。

そして常に自分はBUYボタンを持っていてSELLする側ではない。

自分のことを売り込み、買ってもらう方式は僕には向いていない。自分を売り込もうとすると、どんどん疲れてしまうので、自分の作りたい世界に参加してくれる人を待っている。

たとえば「動画を1本作ってほしい」という案件が来た場合、「この値段でどうですか」と提示し、条件が合ったときに初めて自分がBUYボタンを押す。

それは自分を売りに行っているようにも見えるが、**心構えとしては相手の条件にBUYボタンを押している。**

YouTubeの更新が頻繁になったり、Instagramの投稿を増やして、僕の生活を発信していると、友人知人が頻繁に連絡をしてくるようになる。

「その生活に俺も交ぜてよ」という感じだろうか。僕が毎朝走っていると知るだけでも「一緒に走りたい」と集まってくる。

本当は自分も早朝、ランニングしようと思っていたけれど、意志が弱くて最初の一歩が踏み出せなかったり、「仕事の前に疲れちゃうから無理」と何かしら言い訳をして実行しないでいたり。でも、はるきがやっているならやろうかな、と。

「俺も動画作りたいけど、ちょっとカメラの前でしゃべるの怖い」「公共の場所で動画撮るって、どうやればいいんだろう」と迷っていた人たちも集まってくる。

彼らは僕にインスピレーションを感じたのだろうし、僕から何か学ぼうとして集まってくる人たち。僕と一緒ならやる、あるいは、僕に背中を押してほしい。そうやって集まってくれる人もありがたい。そしてそこに何かプラスでインスピレーションが合う人とは、さらなる高みへと一緒に行ける人間関係になることが多い。

必死に誰かとつながりたいと思っているときは、Desperation（デスパレーション：必死・死に物狂い）というか、単につながりを欲している。

それはお互いにとって、結局いい流れにならない。

何かを手にしている人は単に運がいいだけでなく、運をつかみ取る言葉、習慣、行動、実力が伴っている人。勉強し、努力し、挑戦し、徳を積み、人脈を得てきた人。

僕が手にしてきたものに「乗っかりたい」人たちではなく、**僕が積み上げてきたものに同じバイブスでつながれる人が同志であり、これからの戦友にもなっていく。**

ただし、かつての僕のように「アメリカに行きたい」「英語が話せるようになりたい」と強く願っている人たちには、その機会を与えられたらと、留学支援活動をしている。

強い思いを持ってポジティブな発言を心がけると人生もポジティブな方向に向いていくし、ポジティブな人が集まる。それと同時に自分の弱みも受け止め、それも知ってもらう。僕も人間だからいつも完璧ではない。

「○○が好き」と発信していれば、同じように○○が好きな仲間が集まってくる。「人生楽しい」と言っていれば、同じように楽しんでいる仲間の輪が広がっていくし、僕自身も幸せになっていく。

そうやって集まってきた人たちと、お互いに成長していくのが、理想の姿だ。

ルール 28

心が沈むのは、次のステージへの充電期間

大学時代、キネシオロジーの学位を学んでいて、毎日筋トレもしていて、大会にも出て19歳でニューヨークキャピタルフィジークで2位にもなった。

アメリカの大学に入学した理由もスポーツトレーナーになるためで、きちんと目標と計画を立ててやっていた。

ある日、友達に誘われピックアップアメフトをやって肩が外れた。痛み止めを飲んでフィットネスの大会に出て、その後も無理して筋トレを続けたところ、背中も傷めてしまった。筋トレができなくなり、大学の勉強にも身が入らなくなった。

そのタイミングで自分の過失で免停を食らってしまった。面積が広大なアメリカでは、大学に行くときも車は必須。

ちょうど夏休みだったのだけれど、サマークラスを取っていた。

でも通えないからドロップアウト。そのクラスを落としたことで、その先2年間の予定がすべて狂うことになった。17歳ぐらいから毎日筋トレをして体を作っていたのに、それもゼロ。また一から始めないといけない。

最初の1、2週間は絶望して部屋に引きこもってベッドで寝ていた。

３週間目ぐらいからこのままじゃまずいと思ったものの、どうしてもやる気が出ない。

でも、この状況は自分で変えないといけない。

もともと、筋トレフィットネス系のＹｏｕＴｕｂｅを始めようとは思っていたのだけれどケガをしてしまって、それはもうできない。だったら、**僕の生活を普通にブログとして配信していけばおもしろいんじゃないかなあ**、と考えた。

当時、留学生活を紹介しているＹｏｕＴｕｂｅを観ることが多かったのだけれど「バーバーショップに行って髪を切ってきました。でも失敗しました。あー、すごいたいへんな経験でした」みたいな内容を、家に帰ってきて座ってレポートする人が多かった。

僕はその動画を観て、「だったらバーバーショップで髪を切っているところをレポートすればいいのに」と感じていた。**僕なら「その体験が起きている最中」を見せるのに**なあ、と。そこで一念発起して、アメリカのライフスタイルを発信するＹｏｕＴｕｂｅを始めた。

記念すべき1回目は「車を買う」。アメリカで大学生活を送るうえで、最初にやらなくてはならないのが車を買うこと。だから、これから留学したいと考えている人向けに発信した。

引きこもっていた状態で、エネルギーは蓄積していた。1つの目標は失ったけれど、もう1つのやりたいことが見つかって、そこに集中できるようになった。

やり始めてからはすごく楽しかった。

今思うと、引きこもっていた頃は鬱状態だった。英語では「Depression(デプレッション)」という。つまり、Deep, Resting。「深く休憩している」ということ。そう考えると、悪くない。

日本語で鬱病と聞くと、それこそ鬱々としたイメージ。でも季節の変わり目にやってくる鬱病もあって、気圧の変化に弱い人、梅雨に弱い人もいる。冬ごとに繰り返す冬季鬱病もある。ゴールデンウィークが終わり、仕事や学校が再開される5月に仕事や学校に行きたくなくなる五月病は、昔から言われてきた。

英語での表現を知り「そうか。今は深く休憩する時期なんだ」と、自分で新しく定義を作ることができた。「深く休憩しているって逆にいいな。すごく回復しているじゃん」と、気持ちが軽くなっていった。

新しく定義してからは、落ち込んでいるときも「今日はちょっと休憩、体の休憩、精神の休憩」と思い、ゆったりと過ごすことにした。**充電しておけば、やる気が出たときに爆発的にできるようになる。**

アファメーション（ポジティブな言葉を自分自身に宣言して、なりたい自分を引き寄せるマインドセット）をしたり、心が安らぐ音楽を聴いたり。

周りの人の力を借りるのも必要かもしれないけれど、僕は1人になりたいタイプ。とにかく心が落ちているときは自分で充電する時間が必要で、絶対に自分のスペースが欲しいから放っておいて、というタイプの人間だ。人と関わるのは、気分が上がっているとき。休憩しているときは絶対に1人がいい。

そのとき以来、何度か落ちたり上がったり、大きな波を体験してきた。

学んだのは、**「やろう」と思うタイミングは絶対に来る**ということ。
来《きた》るべきときに向けて、休憩しているというふうに思っていればいい。
ずっと順調に進んでいくより、落ちて上がって落ちて上がってのほうが、ずっと成長が速い。人の痛みもわかるようになる。

今思うと、学生時代の苦しい日々があったからこそYouTubeを始めたし、元奥さんと出会って結婚し、離婚したものの今の生活につながっているのだから、悪くない。悪くないどころか、よかった。

あのときのDepressionが、新しい人生の扉を開いてくれた。

ルール29

自分に関係のないゴミは拾わない

僕はエンパスだと認識している。いや、人は誰もがエンパスの側面を持っているというのが正しいだろうか。エンパスとはエンパシー（Ｅｍｐａｔｈｙ：他人に自己を投影し、相手が何を考えているのか、どう感じているのかを想像する力）が強く、**共感力と感受力が特別に強い人のこと。**

一緒にいるだけで、相手の感情がよくわかる。嘘をついている人も、直感的にわかる。相手が怒られていると、自分が怒られているかのように感じてしまう。

いい面もあれば、悪い面もあり、相手の感情を必要以上に受け取ってしまったり、自分とは関係ない状況や相手の気持ちに必要以上に感情移入してしまったりすると、自分には関係ないゴミをいっぱい拾って、自分自身がどんどん重くなっていく。

子どもの頃は、けっこうたいへんだった。学校でいじめられている子がいたらこっちも悲しくなってしまうし、泣いている子がいたら自分も泣きたくなってしまう。

先生が誰かを叱っているところを見ていると自分も辛く、その子の代わりに反抗したくなったり、でもできず悲しくなったり。感情のアップダウン……とくにダウンのほうが大きかった。

でもエンパスは生まれ持った能力なので、やめることはできない。

エンパスは相手の感情や痛みに同調してしまうので、悩みを聞いてほしい人にロックオンされやすい。あなたが相手の発するマイナスの感情に同調することで相手はすっきりと心が軽くなるけれど、あなたは重くなる。

負の感情を受け取り、逆にあなたのエネルギーを渡してしまっている。

共感力が高い人ほど、話の通じない人ともわかり合おうとするから、どんどん疲れがたまっていく。

また、エンパスはナルシストを引き寄せる。ナルシストは自信があるように見えて、実は自分に自信が持てず、相手の悪口を言ったり、相手を攻撃したりして、相手を下げることで自分の価値を正当化している。

エンパスはスポンジのように相手の気持ちを吸収していくのでNOを言うことがなかなかできず、主従関係ができ、エンパスがナルシストにコントロールされるような関係を構築してしまいがち。

自分がエンパスだと感じる人は、友達でも同僚でも、会うたびに疲れる人がいるのではないか？　そういう人はあなたのエネルギーを吸うことで生存しているエネルギーバンパイア。バンパイアが血を吸うように、他人のエネルギーを糧《かて》にしている。

そういう人に会ったらすぐに距離を置くこと。「助けてあげよう」などと思わないこと。離れられない状況にいる場合は、相手の感情を受け取らないこと。自分の注意を払わないこと。心のスイッチをオフにして、自分のエネルギーを守ってほしい。

子どもの頃は泣いている子の感情を背負ってしまっていた僕だけれど、そのうちに**「泣いている人は外から見たら悲しく見えるけど、でも本人からしたら、それが必要なことかもしれない」と考えるようになった。**そうやってしっかり境界線を引けるようになっていった。


コスタリカでのアヤワスカ・リトリート（自分の潜在意識に深く向き合う修養）

に参加したとき、夜、ベッドで横になっていると、めっちゃ泣いている人がいたり、怒っている人がいたり、大声を出している人がいたり。

僕はただぼんやりしながら「みんなそれぞれ自分の中にたまった感情を浄化させているんだな」と思い、そのことに感謝すると、そんな状態の人もポジティブへ向かっているという見方ができるようになった。

僕の感情を、他人に同調させる必要はないと考えるようになって、疲れなくなった。

あともう1つ。**周りの人を助ける自分に酔ってはいけない。**

エンパスは、周りの人の感情に自分の感情を結びつけることによって安心感を得る。他人を助けることによって自分を保っている。そういった面がある。

「人のためになってよかった」と言い聞かせることで自分も安心する。

それは共依存。自分の問題から目を逸《そ》らしているにすぎない。

生体エネルギー論で、木々が二酸化炭素を酸素に変える力があるのと同時に、近くに生えている木々のエネルギーも吸っていることがわかってきた。

自然に囲まれると気持ちが落ち着き、**デトックスできるのは、木々が人のネガティブなエネルギーを吸い取ってくれるから。**自然の中にいるだけで、気持ちが前向きになったり、自尊心が回復するのはそのおかげだ。

自分をエンパスだと感じる人は、自分自身を時々自然の中に投じてエネルギーチャージする必要があるだろう。そして、あなたからエネルギーを奪っていこうとする人には、きっぱりとNOを言い、「海岸や森の中でも散歩してきたら？」と勧めたほうがいい。

シンパシー（共感）することは必要だが、エンパシー（感情移入）することはときと場合を選ぶ。相手の感情をリスペクトすることと、相手の感情を変えようとすることはまったく別物。

実際にアクティングの授業で「マイズナー」というトレーニング方法を行っていた。これは感情を相手にぶつけ合う稽古《けいこ》で、泣いたり、怒ったり、笑ったり、落ち込んだり、いろんな感情を波動拳のようにお互いに撃ち合う。そこでは、あえて相手に感情移入する方法や、自分の感情をコントロールする方法を学んだ。

第４章

9年の海外生活が教えてくれた、言葉より大切な心のつながり

ルール30 宗教にオープンなアメリカ文化が、多様性を楽しむきっかけになる

異国で暮らしていると、人種や言語の違いはもちろん、文化の違い、そして**宗教の違いに直面すること**がある。

僕が通っていた中学校はキリスト教だったから、毎朝礼拝があった。賛美歌を歌い、聖書を読んだ。でもその頃は何もわかっていなかった。「神様が白人なわけないだろう」と、めっちゃ抵抗していた時期もあった。

キリスト教の学校に通っていたのに、神社に行けば手を合わせて拝むし、観光名所に行き大仏を見てはテンションが上がり、禅の気持ちもいただいている気がした。僕も含めて、日本人はそのあたりが曖昧だ。クリスマスを祝い、その1週間後には神社に行く。

僕は無神論者だったけれど、人間よりもずっと大きな力を持った存在がいると、感覚として理解していた。

16歳で初めてホームステイしたブラウン家はキリスト教一家で、毎週日曜日に教会に行く習慣があった。

「はるきも教会行く？」と誘われ、当時は英語の勉強のためにすべての誘いを断らないようにしていたので、一緒に教会にも行った。

僕は「教会か」と、しらけた気持ちでいたけれど、いつもはTシャツやフーディーを着ているブラウン家の人たちは日曜日になるとYシャツを着て、ジャケットを羽織り、きちんとした格好をする。教会に行くのは大事な儀式なのだ。

僕は彼らの姿を見て、なぜかワクワクしてきた。


教会に到着すると、何種類ものコーヒーやお茶、ドーナッツやベーグルが無料で並んでいた。

「無料（寄付）で朝ごはんも食べられるのか。これはいい場所を見つけたぞ」

そんなことを思っていると、アメリカ人の友達から彼女を紹介された。

どうやら**教会はソーシャルの場所にもなっている**ようだ。

周りを見渡すと、さまざまな世代の信者たちが、朝ごはんを食べながら1週間の出来事を楽しそうにしゃべっていた。

教会の中は小学校の体育館ぐらいの広さがあり、天井も高くすごく開放感のある場所だった。牧師さんの話が終わると、歌を歌う。

それ以来、僕の中でワーシップソングブームが到来した。

ワーシップソングとは、ギターなどによる自由な賛美のスタイルで歌う曲。「We（私たち）」や「God（神）」に代わって〝I〟や〝You〟といった言葉を用いて、ポップスのラブソングと似たような歌詞で神への愛を表現している。

なぜかワーシップソングから、とてつもなく大きな力を感じている自分がいた。

そんな感覚は初めてだった。

その後、募金をする人はして、みんなとしゃべって、午後にはピックアップサッカーの予定を立てて解散する。午後はサッカーで体を動かし、サッカー後はアップステートニューヨーク発祥のスーパーマーケット「ウェグマンズ」で丸々焼かれたチキンとガーリックパンを皆で食べる。

ここまで満足感を得られる時間と空間にいたのは初めてだったかもしれない。

しだいに、毎週日曜日が来るのが楽しみになっていた。

ある日の教会からの帰り道、ふと思ったのが「日本にも神様がいるのになぜか距離が遠いな」ということ。僕の周りにいたアメリカ人は神様との時間を楽しんでいるように感じた。

本当に神様はいるのか？　追求する気持ちが、僕の中でさらに加速していった。

アメリカは宗教に対してオープンだ。

デートサイトのアプリでも、信仰、宗教を書く欄がある。

プロテスタント、カトリック教徒、ユダヤ教徒が多いけれど、多民族国家だから、お互いを尊重し、受け入れ、日々暮らしている。

僕は特定の宗教を信仰してはいない。僕は信仰している宗教を聞かれたら、「特にないです」と答えている。

アメリカには僕のように「無神論者です」と答える人も多々いるが、自分よりも強い力の存在を認めている人が大半。

僕は日本人なので、自分の国をよく知るためにも、仏教や神道について勉強したことがある。日本には、神様の存在を広く考えて、森羅万象のあらゆるものすべてに神が宿るという考え方がある。

そんな神道は戦後にＧＨＱ（連合国軍最高司令官総司令部）によって僕たちの世界から切り離されたと読んだ。

見えないものを信じる力はこの世で一番巨力な力を持っている。僕も留学するとどんな世界が広がっているかわからなかったけれど、何かにつながると信じて進んだ。そしてその過去が今の道につながっている。僕たちはまだ目に見えない道を信じて、進んでいる。

人間を超えた存在を信じて１日１日を大事に生きているのは、どの宗教かにかかわらず、誰もが同じなのかもしれない。

ルール31

フロリダのプールでコンフォートゾーンから抜け出す

YouTubeで、真冬にプールに入る動画を上げた。「一生若く生きる秘訣」と題して実践した8項目の中の1つだ。

僕の住んでいるアパートメントにはプールがあって、朝だけ太陽が当たる。フロリダは温暖な地域とはいえ真冬だ。冬場の夜間から朝は肌寒い。その日は快晴で、天気は最高だけど、夜は冷え込むし、水温はかなり低いはず。

自分のコンフォートゾーン（快適な空間）を超えようとすると、頭の中でもう1人の自分が「やめておけ」と反対してくる。まさにマインドゲームだ。

でも、**恐怖に全力で向かい合ったとき奇跡が起こると信じて、飛び込んだ。**

冷たかった。でも最高の気分だった。寒かったけれど暖かいという不思議な感覚に包まれる。

すべてはマインド次第。もう1人の自分に勝ち、絶対に泳げると信じて、端から端まで泳ぎ切った。

水につかると重力が10分の1になる。日常では重たい体を重力と共に持ち運んでいるので、それがなくなることで体中の臓器が浮く感じを味わえる。
太陽を浴びてビタミンDもゲットし、実に心地よかった。

このときの動画では、電動スクーターで湖のほとりに行ってメディテーションもした。幼い頃から母に瞑想の時間を設けられていたので、僕にとっては必要な時間だ。

普段はパブリックな場所ではやらないけれど、この湖のほとりは対岸にはビル街を見渡せて、実に静かでカモや白鳥も集まってきて最高の場所。

疲れがたまっているときこそメディテーションすると、解消されていない感情が解きほぐされ、冷静な自分を取り戻すことができる。**自分をセンターに戻す感覚、それこそ意識的に自分軸を持つことにつながる。**

僕は日々、目標とする自分を想像しながら生きている。これが自分軸から外れていると、またおかしな方向に進んでしまう。

英語を勉強しているときもそうだった。**英語の勉強は好きではなかったけれど、単語やフレーズを覚えると、その先には英語をしゃべれる自分がいる。**英語を通じてアメリカでできた友達としゃべれるようになる自分を常に想像しながら、毎日、英語の勉強に取り組んだ。

ハイエストセルフという言葉を聞いたことがあるだろうか？　ハイエストとは英語で一番高いという意味で、セルフは自身という意味。つまり「一番高い自身」＝「最高の自分」。

一番輝いている瞬間、好きなことをしている瞬間、ゾーンに入っている瞬間。そういう瞬間の自分を想像できるだろうか？　ボーッとしているときや、リラックスしているとき、遊んでいるとき、散歩しているとき、車を運転しているときなどに、クリエイティブなアイディアが脳に降ってくる感覚が近いかもしれない。ハイエストといっても、大げさに考えることはない。ごく普通のことだ。

たとえば収入を増やし、家族を養い、充実した日々を過ごすことが理想だとすると、「理想を叶えている人はどうするだろう？」と、常に意識して過ごす。理想の自分を思い描き、理想の自分に合った行動を取ってみる。

自分が理想としている人に出会ったら、その人を真似してみればいい。

日常の中で見知らぬ人を見て、ハッとしたことはないだろうか？

そういう人と同じ空間にいるとき、その人のエネルギーを自分もまとっているような感覚を感じたことはないだろうか？

理想を体現する人に憧れ、目が覚めるような感覚を身体で感じる瞬間が誰にでもあると思う。

その瞬間、人は自分の最高潮の姿とつながっていると言える。

憧れの存在の人からエネルギーを受け取っている時間と空間では、今まで以上にエネルギッシュで、行動に迷いがなくなる。自分の道が開け、本当の自分の姿とアライメント（連携）している状態にもなる。

そんなとき、思いもよらぬつながりや、同じ意思を持った人との出会いがあったり、物事がとんとん拍子で進んでいく感覚を得る。周りからの思いがけないサポートを得て、必要な情報やリソースが勝手にどんどん集まってくる。

豪邸の撮影をしたいとずっと思っていた。そしてその思いに執着していないときに、そんな出会いはふとやってきた。

Uberを運転していたときに、8ミリオンの家を所有する人に出会い、自分が動画制作をしていることを伝えると、今度撮影においでよと家に招待してくれることもあった。

そんな自分の最高潮の姿を日々想像しながら時間を過ごすことが、本来のあるべき姿だ。

あなたの意識次第で行動が変わり、未来が変わる。
願いが叶った後の自分、最高潮の自分のイメージを描いて生きると、物事が叶うスピードが速くなる。

幸せな自分を、常にイメージして日々を過ごそう。

ルール 32

エレベーターが上がると、自分も上昇する。そんなポジティブな感覚を楽しむ

言葉がもたらす力はとても大きい。古代の日本人は、発した言葉通りのことが起こると信じていた。言葉は目に見えない力を持っていて、発した言葉が現実に影響を与え、いい方向へも悪い方向へも導くと考えていた。

僕は、**自分で決めたことはまず口に出してみる。**自分に宣言するだけでもいい。朝、走りに行くと決めたら夜寝る前に「明日の朝、6時に起きて走る」と、自分に向かって念じる。毎日走れているわけではないが、ある一定の期間を決めたときはしっかりやり切る、そしてモメンタム（勢い）を大切にする。最初の90日をやり切ることで、どんなことも自分の習慣へと変わる。

以前は周りに宣言しまくり、言っただけでやった気になり、勝手に達成感を得て、実は走らない……というパターンが多かった。オオカミ少年だ。

自分のパターンに気づいて以来、宣言は自分だけにすることにした。
自分の中から出ている言葉は、自分が一番近くで聞いている。
宣言することでどんどん行動も変わっていくし、達成するのも速くなる。

つまり、アファメーション。ポジティブな自己宣言だ。

自分に対して肯定的な言葉を繰り返すと、自己肯定感が高まっていく。

ＹｏｕＴｕｂｅの動画で1つでもネガティブなコメントが入ると、絶対に気を取られてしまう。人間というのはネガティブになりがちな生き物だ。そういうメカニズムでできているから、ネガティブなコメントが頭の片隅に残ってしまう。

そういうときは**「ポジティブにフォーカスしろ」と、自分に言い聞かせている。**トレーニング中、僕はアファメーションのスピーチをずっと聴いている。

ＹｏｕＴｕｂｅチャンネルで「ポジティブアファメーション」と検索すると、たくさん出てくるので、そのときの気分でピンときたものを聴くようにしている。

どういう音楽や音声を聴いているかはめちゃめちゃその人を表すし、効果も違ってくるはずだ。

エレベーターに乗るときも、階数が上昇していくにしたがって自分も上昇しているとイメージしている。トイレに行ったときも、消化したものを排泄《はいせつ》することで、いらないエネルギーを出していることを意識している。

自分にポジティブなアファメーションを浴びせ続けて、１日の終わりを「今日はポジティブのシャワーのほうが多かったよね」と、納得して終えるようにしている。

人と会って会話するとき、僕は自分の世界観を相手に伝える。僕は自分の世界観にいて、相手も本人の世界観にいると、しっかり分けて考えるようにしている。

そうすることで、相手の言葉を直接的に捉えることがなくなり、意見が食い違うことがあっても、たとえマイナスの発言をされることがあっても、相手はこういう言葉を口にしてしまう過去を生きてきたんだろうな、と受け止めることができる。

それは決して自分の世界観と同じものではない。

「はるきのような働き方は不安定だ。ちゃんと勤めたほうが安定するよ」

あるとき、友人から言われた。彼の親は自営業で、収入のアップダウンが大きかった。そういう家庭で生きてきて苦労もあったから、彼は、自分はしっかりした企業に就職し、安定第一と考えている。

そのうえでの発言であって、僕という人間を批判しているわけでも否定しているわけでもないと、理解できた。

自分の見ている世界観を相手に伝える時間を減らして、相手の世界観を覗《のぞ》くことに意識を使って会話をしてみると、相手がどんな過去を通り、その人の今がどのように構築されているのかがより深く理解できる。

人間関係をよりよくするのは聞く力。よく聞いて、共感できる部分は共感し、自分の理解の範疇《はんちゅう》を超えていれば境界線を引く。

言葉の力は強力だ。**自分の常識は他人の非常識。逆もそう。僕としては「ある」ことが相手にとっては「ない」**。僕にとってフリーランスで仕事をすることは「あり」でも、彼にとっては「なし」だったわけだ。

でもそういうときに自分の「ある」と相手の「ない」にフォーカスすると、どんどん悲しくなっていく。

言葉のやりとりは、ある意味プロジェクション大会。僕が発する言葉は自分を映し出す。相手もそう。同じように、僕が映し出している画面は見えていない。それだけのことだ。無理に僕の世界観を相手に押しつけて、自分の世界観が正しいと承認してもらう必要もない。

お互いにただそこに存在して、自然体でいる。そういう関係性が築ける人と一緒にいればいい。すると、自分の世界観が好きな人が自《おの》ずと寄ってくる。

あるとき、仕事仲間に「投資家の人とワインを飲みに行くから来ない？」と誘われた。僕はお酒を好まないので、断った。酔っ払った状態で仕事の話をする世界には僕は存在しない。

以前は仕事のきっかけになるかもしれないと出かけていき、「どうして僕がこの人の世界にいないといけないんだろう？」という疑問で頭をいっぱいにしながら、その場にいた。苦痛でしかなかった。**いい関係を築いたから、一緒にお酒も飲もうと言える関係が素敵だ。**

ルール 33

家族の当たり前は、最高の異文化体験

僕が生まれ育った神戸の家は、父親が知り合いの大工さんに頼んで、子どもたちが成長するために一番「氣《き》」が高い木材を使って建てた。

幼児の頃から本物の木に触れることが大切だと考えていたようだ。

自分たちはずっとそこに住んでいるからとくに何も感じていなかったけれど、家に来る人には、「すごい木の匂いがする家だね」と言われていた。

父親は板を買ってきて屋根裏部屋を作り、卓球台を置いた。父親は高校時代かなり本格的に卓球をやっていたそうで、とてもうまかった。

2階の寝室にはブランコを作ってくれた。スイングするとガラス窓ギリギリ。でも絶対に当たらない。スリルがあって楽しかった。ピアノもあったから、けっこう広い家だったのを覚えている。

父は朝から夜まで家族を養うために働き、母は保育士を辞め、専業主婦に。習いごとに行かせてもらったり、キャンプに行かせてもらったり、休みが取れたら旅行に行ったり。

兄が東京の私立の中学校に行きたいと言ったときは、今まで住んでいた家を売って一緒に関東に引っ越してくれた。

親が家でお酒を飲む姿も、喧嘩《けんか》する姿も1回も見たことがない。

そんな親が自分の結婚のロールモデルとなり、僕は今まで育ってきた。


先日、兄と「子どもを中学に入れるために家を売って関西から関東に引っ越すなんて、あんなことできない」「うちの親って子どものやりたいことを第一に考えていたよね」としみじみ話した。

僕が「留学したい」と言ったときはお金がなくて、僕はアルバイトをしたけれど、一度帰国して次にテネシー州に6か月留学するときは親がお金を出してくれた。

アメリカの大学に行きたいと言ったときも最初はお金がないと言っていたけれど、結局は出してくれた。入学後も母親が「もしお金が必要だったら言ってね」と言ってくれた。


母は元保育士。でも子どもが生まれてからは専業主婦だった。オーガニック食材にこだわっていて、市販のお菓子は絶対買ってくれなかった。誕生日ケーキも砂糖が使われていないものだった。兄がアトピーで制限があったから、そのときに食の勉強をしたのだろう。西洋医学に頼りすぎることなく、東洋医学を取り入れていた。テレビも「ドラえもん」「おじゃる丸」「忍たま乱太郎」ぐらいしか見ることはなかった。

母方の祖母は笑顔しか見たことがないぐらいずっと笑っている人。この前電話したときも「ありがとう、ありがとう」と、何度も繰り返していた。いろいろな本に「ありがとう」という感謝の言葉を繰り返すといいと書いてあるけれど、祖母はどうふるまえば幸せになれるかが、感覚でわかっていたのだと思う。

電話を切った後「**おばあちゃん、めっちゃバイブス高い**」と実感した。

生まれ変わっても、またこの家族に生まれたい。

家族は一番特別で、大切なもの。

家族からいろいろなものを受け取って今の自分が存在する。

いいことも悪いこともひっくるめて今の僕がいる。

そして、僕は家族を作る努力をしてきたが、思いは届かなかった。

元奥さんを僕の実家に連れて帰ったこともあったが、両親や兄弟は英語が話せない。でも彼女は僕の母親とは通じ合っているようにも感じていた。言葉は交わせないのだけれど、見えない何かで通じるものはあったようだ。


祖父は頑固具合が元奥さんとどっこいどっこいだった。

祖父は家族写真を撮るのが趣味だ。僕たちが帰国して家族みんなで集まってホテルに宿泊したとき、元奥さんは体調を崩していて時間通りに集合場所のホテルの一室に現れなかった。祖父はずっと「家族写真を撮ろう」と言っていたから、僕は「わあ、これはきっとバチバチになるなあ」と、覚悟していた。

「じゃあ、写真撮ろう」

祖父が言ったまさにそのとき、元奥さんが現れた。でも体調も悪いし、寝起きだから機嫌も悪い。「写真を撮るよ」と祖父が声をかけても、「メイクしてないから撮りたくない」と答えた。でも祖父も譲らない。「撮る」「撮らない」の押し問答が繰り返された。

ちなみに祖父は日本語で主張していた。僕は彼女に「撮りたくなかったら、僕たちの部屋に戻っていていいよ」と言った。それでも、祖父の押しが勝って、結局、元奥さんは泣き顔で写真に納まった。

「おじいちゃんは家族の思い出を残したい気持ちが強いんだ」と、後から元奥さんには伝えたけれど、ご機嫌斜めだった。

祖父は昔からとても家族写真にこだわる。三脚を立てて、一眼レフのカメラを取り付けて……と、時間がかかるので、幼い頃は面倒くさかった。

でも家族愛の強さがビシビシ伝わってくるので、そんな祖父に「仕方ないなあ」と思いつつも、こうやって家族写真が残ることがまた1つの思い出なのかと思う。

そこに元奥さんが加わってひと悶着《もんちゃく》。新しい家族の光景だった。

結局、カメラで撮った写真はお蔵入り。祖父がiPadで撮った画質の粗い、泣き笑いのような顔の写真だけが残った。

ルール 34

幼い子どもとも対等に向き合う

僕は常に、子どもがいる未来を考えながら生活している。

今ではないが、ゆくゆくは大家族を築きたい。

空手や筋トレも、父親として家族を養い、安心させ、守っていくために必要なことなのだと意識している。

自分が子どもだったらこういうお父さんが欲しいと、想像してみる。

想像することで、その未来を体現できる。

僕には6歳離れた弟がいる。彼が生まれてきたときから見ている。オムツも替え、ごはんも食べさせ、お風呂にも入れ、一緒に遊んだ。泣けば過呼吸になって1分ぐらい息が止まり、顔が真っ青になる弟を抱っこしてあやしていたのを強く記憶している。子育ては1回経験したような気分だ。そんな影響もあり子どもが大好きだし、なぜか子どもにも好かれる。


子どもは親を選んで生まれてくるという説もある。

ということは、親の側も選んでもらえるように、新たな命を宿す器としての体の準備をしなくてはいけない。

まずは**精神的にも肉体的にも自分を鍛えて、いい状態にしておきたい。**
子どもをどれだけ快適な環境で育ててあげることができるのか。
それもよく考える。

たとえば食事ひとつにしても、アメリカでは20％の子どもが肥満状態だ。
そうならないように、食生活に気を配るところから始まる。
生まれ育った食べ物は、その子の一生に影響することだと思う。

子どもが育ちやすい環境はどこだろうと考えて、フロリダ州のどこかかオーランドが一番いいなと思った時期もあったが、そのときは自分が子育てできるステージにいなかった。もっと多くのことにチャレンジして経験していきたい気持ちが強かった。

僕は兄ととても仲がいいので、今は日本にいる兄が家族とアメリカに住みたいという話も出ていて、自分の子どもができたときに近くに兄弟の家族がいればいいよねと、そんなビジョンも描いている。

自分の父親がそうだったように、子どもがやりたいと思ったことは全部やらせてあげたい。

留学したいと言ったら行かせてあげたいので、教育費も貯めつつ、人のつながりを増やしていこうと思う。

僕の両親の子育ては、引き継ぎたいことがたくさんある。

何かの記事で知ったのだけれど、**ギタリストのMIYAVIさんは、子どもから相談を受けるときや勉強を教えるときには、子どもたちにアポイントメントを取ってもらうのだと言っていた。**

スケジュールを確保し、子どもからの相談に真剣に答える。

「この時間に宿題を見て」と子どもに言われたら、その時間までに自分のスケジュールは絶対に終わらすようにして、その子に集中しているという。

僕も子どもの話はじっくり聞きたいので、アポイントメントを取って時間を確保するやり方はぜひ参考にしたいと思った。

若い人は考えが斬新で、純粋だ。

僕は普段から年下の人の意見に耳を傾けるようにしている。

口には出さないけれど、自分より若い人を、僕はとてもリスペクトしているし、ピュアな言葉だからこそ自分に刺さることもある。

幼い子どもが話すことこそ、物事の本質をついているだろう。

子どもだと思って育てるのではなく、対等な人間だと思って、育ててみたい。

ルール35

価値観の違いが、愛に深みとおもしろさをプラスする

僕は24歳で結婚し、27歳で離婚した。今までで一番長く続いた約5年半のつきあいだった。まだまだビギナーで、結婚とは何かをここで語れるほどの経験値はない。結婚については、親にも教わらなかったし、学校でも習わなかった。

自分たちで学んでいくしかない。

元奥さんとは同じ大学だった。YouTubeのコラボをお願いしたことをきっかけにつきあい始めた。2人のデートの様子をYouTubeで発信していたから、僕たちカップルを応援してくれる人たちがたくさんいた。

ただ、見せるための生活と、そうでない部分の線引きが難しい。

結婚してからも、時々僕のYouTubeに元奥さんが登場している。そうすると喜んでくれる方が多いのも事実だ。2人の真剣な話し合いを動画にアップすることもある。そのときはカメラの向こうの第三者を意識しているから、お互いに冷静になれる半面、2人だけの時間じゃないからどうなのかな、と、疑問はある。

2人の時間なのか。仕事なのか。YouTubeの世界で作り上げた関係性って何なんだろうと考えてしまうと、元奥さんが登場していたのはよくないことだったたのかもしれない。それか、もっと違うやり方があったのかもしれない。ただ、一緒にYouTubeを仕事としてこなすことで多くの時間を共有し、そしてYouTubeの世界があったからこそ味わえた世界線も存在したことにはとても感謝している。これからも、**家族チャンネルを作りたい思いはきっと変わらないだろう。**

僕らはそもそも生まれた国が違って、育った環境が違う。

お互いの実家に行くと、違いがより鮮明になる。彼女の家は、親子の間で「I love you」をよく口にして、ハグしたりキスしたりして愛情表現をする。

感情表現が豊かだから、怒るときはすごく怒るし、言い合いも激しい。

僕の家族はめっちゃ平和だ。静かで落ち着きがある。

元奥さんが初めて僕の日本の家族に会ったときは、沈黙の時間があることにすごく驚いていた。そういえば彼女の実家は基本的に、対面しているときはずっと話している。会話の量が圧倒的に違う。

兄にも「はるきと彼女はずっとしゃべっているよね」と言われたことがある。

そういえば僕も、実家にいた頃よりは格段にしゃべるようになっていた。

お互いの家族の印象は正反対で、だからこそお互いのことがよく理解できた。

彼女は言い合いになるとすぐ怒鳴る癖があった。それが普通の家庭に育っていたから、自分が怒鳴っていると気づかなかった。

「なんでそんなに怒鳴っているの？」

あるとき僕が聞くと「え、私、怒鳴っている？」と、初めて気づいた様子だった。

それ以来、彼女は自分を変えようと努力してくれていた。

でも、感情豊かなのは彼女のいいところだった。僕はあまり感情の波がないから、「まあいいか」と流してしまうところを、彼女はきちんと口に出して主張する。

「人にはいろいろな考え方があるよね」と考える僕に対して、彼女は「いろいろな考え方があるけれど、そこをわかり合いたい」と、ぐいぐいいく。

僕が誰かに自分の時間や労働力を搾取されそうになったり、不利益を被りそうなときは、彼女が先に気づいて僕の代わりに怒ってくれた。

あともう1つ大切なこと。**この国では、僕はマイノリティ側だけれど、彼女はいつもマイノリティの視点に立ってくれた。**

僕は自分とは違う人が好きだ。 学ぶものも多いし、一緒にいると相乗効果があるし、互いに成長できる。パートナーとぶつかるときは、パートナーについて学ぶチャンスだと思っている。彼女といるとき、間違いなく、僕は一番成長した。

しかし、一緒にいて楽かと言われたら、ちょっと違ったかもしれない。

ホストファミリーのお母さんに聞いた話で今でも記憶に残っているのが、どれだけ尖《とが》った石でもお互いに叩き続ければ、いつかは合うようになるということ。

でも、お互いに叩き続けることをやめる決断をした。尖っている部分は尖っている部分として、お互いの特徴でもある。それを相手のために無理に変えることを選ぶか選ばないか。

相手を変えることも、相手から自分を変えられることも本当に難しい。

そしてそれは人生を懸けてもできるかどうかわからないことであり、それはまた自分の人生を生きずに、他人の人生を生きているということ。

それは恋愛だけにかぎらず、友達関係でも言える。

僕の周りには、ポテンシャルがあるのに、活かし切れていない人がたくさんいる。僕ができることは環境を整えてあげたり、違う景色を見せてあげたり、新しいレストランに連れていってあげたり、話を聞いてあげたり、質問してあげたり、機会を用意してあげたり、新しい人とつなげてあげたり……。

でも、その人の代わりに走ってあげることはできない。その人の体を動かすのは結局その人だから。

これまで、使わなくなったカメラを5人以上の人たちにあげてきた。でも結局、使われているところを見たことがない。そんなもんだ。

人への過度な期待は自分のエゴなのだ。勝手に期待して、勝手に自分が傷つく。わかっているよ。でもそれでもいつも手を差し伸べるし、困っている人がいたら自分の時間も知恵もエネルギーもお金も使う。

無駄だと知っている場面でも、何か可能性があるんじゃないかと突っ込んでいく。こんなことはＡＩはやらないだろう。

そんな場所に、人間味というものが常に存在し続ける。

36 ルール

シェアした空間が、お互いの気持ちを引き上げる

あなたが誰かと空間をシェアするのなら、誰と、どんな空間がいいだろう。同じ空間にいる人間同士は、たとえ会話をしていなくとも、影響を与え合っている。誰もいない部屋で歌を歌うのと、人がいる空間で歌を歌うのはまったく違う。人間は周りからどう思われるかを常に意識している。誰かがいれば、その人の存在を意識している自分が存在する。

誰かに見られると行動が変化する「観察者効果」という心理学の実験があるように、他人が自分の存在を意識するかしないかで、その人の行動パターンや思考が変わる。

その空間と雰囲気が人間の気分を左右する。

散らかった部屋ときれいな部屋では出てくるアイディアもまったく違うだろうし、おしゃれな高級レストランに食事に行くと、その時間はとても貴重になり、相手と深い会話ができる。食事の質の高さもだが、会話を大切にするための空間が存在するからだ。

人との出会いも、「はじめまして」と挨拶した場所によって、その後の関係性が変わってくる。

空間が与える人への影響は大きい。Ｕｂｅｒの仕事で僕のテスラに乗ってきた客が、「テスラが迎えに来てくれるとは思わなかった！」と感謝の言葉を伝えてくることがある。

Ｕｂｅｒを始めたとき、１人目のお客さんをピックアップに行ったのは病院前。テスラの話で盛り上がり、降りるときは「俺も次はテスラも検討しようかな」と、上機嫌で降りていった。

嫌な感じの人もいる。アメリカでは日本人の僕は若く見えるようで、ティーンエイジャーだと思われることも。そのせいか「若造のくせにテスラに乗っているなんて」と顔をしかめる人がいる。

露骨に態度には出さなくても「仕事何しているの？」「これレンタカーなの？　自分の車なの？」と、しつこく聞いてくる人もいる。

でも、見ず知らずの人と狭い空間を共有すると緊張もするけれど、運転手と客という立場でなければ知り合わなかった人と話をできるのはけっこう楽しい。
いい感じで空間をシェアできた人はチップを多く渡してくれるし、お互いにいい感情を交換できて気分がいい。

シェアした空間の空気がいいと、お互いの気持ちがすごく引き上げられる。

元奥さんと結婚して空間をシェアするようになったときもそうだった。
自分の家にいても1人のときと2人のときは全然違う。
常に誰かといるという安心感を得たと同時に、1人の時間とのバランスをうまく取らないと息苦しいときもあった。

僕も彼女も内向的外向型。人と一緒にいるのも好きだけれど、1人の時間も絶対に大切。彼女もオンラインで仕事をしているから、日々お互いに空間の使い方に気を遣いながらコミュニケーションをする必要がある。

僕たちは国際結婚で、生まれ育った環境はもちろん、食べてきたもの、見て育ったもの、周りにいた人もまったく違った。そんな２人が今という空間を共有して生きるのだから、世界観にズレが生じるのも当然だ。

ズレていても、あえて気持ちを同調させすぎないようにしても、目で、耳で、匂いで、肌感覚で、何かをやりとりしている。

お互いにメンタルが落ちているときは補い合わなくてはいけないけれど、僕たちはお互いにお互いの感情の変化に敏感なタイプ。だからこそ引っ張られすぎないように気をつけていた。

僕が落ちているときに彼女が「ヨガ行こう」と声をかけてくれて、行きたくないけれど腰を上げて行ってみると気分がスッキリしたり。

そのあたりは、１人より２人でよかったと心から思えた。

ルール 37

会話にさりげないポジティブを織り交ぜる

英語の会話は、他者を肯定するフレーズが日頃の会話に組み込まれている。

最初に気づいたのは、アメリカに来て間もない頃。スタバでドリンクをオーダーした後に「Thank you」とだけ言って、ドリンクを受け取った。

それを見ていたアメリカ人の友達が、「Thank you. Have a good day!」と伝えるとナイスだよと教えてくれた。

店員に感謝を伝えることはごくあたりまえのこと。**相手の目を見て「いい１日を」と伝えるだけで、言ったほうも言われたほうも温かい気持ちになる**のだと、そのとき知った。


アメリカは街を歩いていても、見知らぬ人と軽くしゃべる機会が多い。

すれ違いざまに「Ｈｉ！」と挨拶をしてくれる人もいる。

ナイスなスニーカーを履いている人がいたら、その人に「I love your kicks」と伝えることも、自然な流れでできるようになる。相手は笑顔になり、「I love your style」などと褒め返されたり。

名前も知らない通りすがりの人と交わしたひと言で、１日がいい気分で過ごせる。

幸せはこんな小さな言葉がけから始まるのだ、と気づいた。

バスや電車の中で「It's nice!」「Your hair looks great」などと、持ち物や外見を褒めている姿もよく見る。


朝、散歩をしているときもよく声をかけられる。僕は下駄を履いて歩いているのだけれど、すれ違う人たちが「お、その靴いいね」と、よく声をかけてくる。

今日は立ち止まって、「どこで買ったの?」と尋ねられた。

「これは日本の下駄で、日本で買ったんだ」「足を動かすために握らないといけないから、すごく健康にいいんだよ」と教えてあげ、しばらく会話を続けた。

お互い笑顔でやりとりして、その後しばらくは気分がいい。


「Great job!」や「Excellent!」など、「よくやった」「素晴らしい」という意味の短いフレーズも豊富。子どもや友人、仕事仲間などを褒めるときに「I'm so proud of you」などのフレーズもよく使う。「誇りに思う」みたいな言葉は日本語ではなかなかない。

店員の接客という点では、日本のほうが感じがいい。店に入ると、日本では「いらっしゃいませ」と声をかけてくる。「来ていただいてありがとうございます」というイメージだろうか。

アメリカだと入っていった客のほうから「Ｈｉ！」と声をかけることが多い。

そして店員が「What's goin' on?」とか「How are you today?」と、「今日元気？」みたいなニュアンスで返してくる。客として対応するというよりは、かなりフランク。**客と店員は対等というスタンスだ。**

アメリカでお客様は神様という感覚で扱ってほしかったら、かなりの高級店に行かなければならない。料金とサービスは比例している。

日本の店員の態度は、アメリカで言ったら超一流に入ってくるレベルだ。

アメリカの店員は接客していない時間は自分の時間だと思っているのか、スマホをいじっていたり、イヤホンをして音楽を聴いていたりすることもある。

でも話せばとてもフレンドリー。そこから先は、スモールカンバセーション（雑談）が広がっていく。

このあいだアメリカ人の友達と日本に来た。彼は初めての来日で、日本の電車に乗ることも初めて。そんな場所でも前に座っている人の靴をいきなり褒め始めたかと思うと、すぐにその車両では英語が飛び交い、スモールカンバセーションが始まった。

それまではどんよりしていた車内も、周りで聞いている人までが笑顔になっていく空間に変わった。

ルール38

神様は超えられない試練を与えない

2024年11月、日本に一時帰国して2か月ほど過ごした後、また新たな気持ちを持ってアメリカへ向かう朝、祖父から母に1本の電話がかかってきた。

祖母が心肺停止の状態で、今救急車の中からかけている、と聞こえてきた。

今回、日本に一時帰国したのも、祖母に会うためだった。

「おばあちゃんが難病にかかって先が長くない」と兄から電話をもらい、このタイミングで帰国したのだ。


帰国後すぐに祖母に会いに行った。

祖母がかかったのは、ALS（筋肉が衰退していく、治療方法のない原因不明の難病）。寝たきりで、しゃべることもできず、変わり果てた姿がそこにあった。

泣かないようにしなくては。顔を見た瞬間、死が近いとわかった。生きていることが辛そうに見えた。とはいえこちらの言葉は理解できるし、声も聞こえている。

何かを伝えなくてはと思ったが、声を出そうと思うと涙が先に出てきてしまう。

弱りきったおばあちゃんの前ではずっと泣いていた。勝手に涙がずーっと出てきた。

最後の時間を一緒に過ごしている。そう思っていた。次に日本に帰ってくるときは、祖母はこの世にはいないだろう。海外で暮らすというのはそういうこと。自分の立場を理解していたからこそ、この時間が祖母との最後の時間になるんだと思った。

祖母は僕が幼い頃からかわいがってくれた。3人兄弟の真ん中の僕は、母が弟を身ごもった頃、祖母に世話をしてもらっていた。幼かったけれど、祖母が遊んでくれたのを覚えている。自分の成長を大きく支えてくれた人だったからこそ、本当に別れは悲しかった。

祖父の言葉の通り、祖母は間もなく亡くなった。

帰国したときに祖母とは悔いのない時間の使い方ができたと思う。祖母の死をその場で受け入れた自分がいたからこそ、亡くなってからは涙は出なかった。

むしろお疲れ様でしたと心から思えた。だからこそ悲しい気持ちになること、そしてそのままの感情を祖母の前で表すことが、僕が唯一できる彼女への敬意だったのかもしれない。

祖母の死を体験して、さまざまなことを考えた。

僕は死への考え方が、少し変わっているかもしれない。

『死は存在しない』(田坂広志著、光文社新書)という本を読んで、いたく感銘を受けたのだが、この本では、量子科学の仮説を用いて、人間の意識が宇宙の「ゼロポイントフィールド」に属していると説明している。

このフィールドは、宇宙全体の出来事を記録しており、個々の意識が物理的な生死を超えて存在し続けるという考えを示している。この概念は、死後も意識の一部が宇宙意識の中で統合され、個人としての「自我」は消えるが、より大きな流れに合流し続けるというものだ。


本を読み終え、自分がこれまで折に触れて考えてきたことと符合した。時に、死は悲しいことだけれど、悪いことではない。

むしろ生命の循環を考えるとあたりまえのことであり、すべてのものにおいて自分のものというのは空想で、すべてはこの地球からの借り物。体もすべて一時的に借りているものであり、地球にまた戻る。

アメリカにホームステイしていた学生時代、近くで交通事故があり、若い子が亡くなった。そのとき、ステイ先のお母さんが「本当にこの世に神様がいるなら、なぜ死ぬ必要のない人の命を奪うの？」と言ったことが印象に残っている。

お母さんはキリスト教信者だ。

「誰も死んだ人のことを知らない。どんなことで苦しんでいて、またこの先に苦しい出来事が起こるかもわからない。でもその前に、神様はその人の命を取ることがある」

お母さんは、そんなふうにも言った。

神様は超えられない試練を与えない。

そのとき僕はそう考えるに至った。

ルール39

家族の絆は国境を超える

高校生の頃、最初に留学したときのホームステイ先は、中学時代の先生が紹介してくれたブラウン家。留学生を受け入れることに慣れていて、家族みんながとてもフレンドリーだった。

アメリカは養子を迎えている家も多く、日本に比べると家庭はオープンだと感じた。アメリカでは離婚する夫婦も多いから、父親や母親の違うきょうだいがいるのもわりと普通のことだったりする。

僕がブラウン家にホームステイに行っていたのは、夏休みの1か月だけ。まだ英語もろくに話せない僕の話をじっくり聞いてくれたのは末っ子で僕より1歳上のベンで、「**俺らは兄弟だ、お母さんが違うだけだ**」と言ってくれた。

ブラウン家は畑で野菜を育て、牧場で馬を飼っていた。アメリカではファームハウスと呼ばれている。

夏休みだったから僕は学校へは通わず、ベンたちとサッカーをしたり、映画を観に行ったり、キャンプをしたり、湖に行ったり、ダンスパーティーにも行った。

彼らは日曜日に教会に行くから、僕もついていった。

日本とアメリカの違いを話すことがあった。難しいことを説明するときは携帯で打って画面を見せる。ベンたちも携帯で打ってくれて「Ｏｈ～」みたいな感じだった。

そのときにしゃべれなくてコミュニケーションが取れなかったことがめちゃめちゃ悔しくて、「こっちの大学に入る。英語をしゃべれるようになって絶対また帰ってくる」と約束した。

ホストマザーが「アメリカでのお母さんは私だから、いつでも帰ってきていいからね」と言ってくれた。

子どもたちの前であたりまえのようにハグしたりキスしたりするのも、当時の僕には衝撃的だった。軽いフレンチキスみたいな感じではあるけれど、ロマンティックな雰囲気になって距離感が縮まってキスする。目の前で普通にされると「え、僕は見ていていいのかな」みたいな。

お父さんとお母さんだけでなく、普段は家にいないベンの兄弟が実家に奥さんを連れて帰ってきて目の前でキスしたりするのもびっくりだった。

お母さんと息子がお互いに「愛しているよ」と言い合う姿も、初めは違和感があった。お母さんは僕にも言ってくれたけど、僕は「そんなわけないだろ」みたいな感覚だった。もちろん口には出さなかったけれど。

一度帰国して、次はテネシー州の語学学校に6か月間通った。そのときもホームステイで、家には学生が10人ぐらいいただろうか。プレハブの建物があって、僕はそのプレハブで、アラビックの子たちと一緒に生活した。

カプサという、ごはんの上にスパイスが利いた肉や魚などをのせたサウジアラビアの家庭料理をアラビックの子たちと一緒に手で食べたり。それはそれでおもしろい経験だったが、ブラウン家ほどの温かみはホストファミリーからは感じなかった。でも、そこに居候しているおじいちゃんがめちゃめちゃいい人だったのを覚えている。

それでも**僕にとってのアメリカの家族は、ブラウン家の人たちだ。**

今でもアメリカでの生活をいつもサポートしてくれているし、何かあるたびに自分の家のように帰れる第2の家族がそこにはある。

おわりに

ここまで読んでくださり、ありがとうございます。

本を出す最終段階で、編集の方から「はるきさん、プロフィールをどうしますか」と聞かれた。そういえば僕は何者なんだろうと考えた。

YouTuber。コマーシャルモデル。オリジナルファッションブランド「Point8」の運営。コンテンツクリエイター……。

本業はいろいろやっているので、そのときどきでいろいろ変わる。今は1つに絞っていないタイミングだ。

このあいだもディズニーのコマーシャルのモデルをやったし、最近はアクティングのオーディションを受けている。今、一番楽しいのがモデルやアクティングの仕事だ。

ずっとやりたい気持ちがあったので、去年、3か月ほど集中してアクティングの授業を受けた。

演じるのだけれど、不思議と自分でいることを許されるスペースだと感じている。僕の感情やエネルギーをその台本にのせて生きるという感覚だ。

今、オーディションを受けているのは、お腹がすいて「ピザくださーい」みたいなセリフを言う役。まさにその瞬間を生きていて、それが仕事になっているのが僕にとってはすごく有意義な時間だ。

自分がアクター側をプロデュースするのも楽しい。カップルの役を演じる2人に、「あなたたち、どうやって出会ったの?」と質問してみた。

ただその場でカップルを演じればいいのだけれど、どういうシチュエーションで出会ったんだろうと想像しながら会話が始まり、お互いの距離が近くなる。

その空気感がチームビルディングにつながっていて、撮影がうまくいった。

とりあえず今は自分が何者と決めずに、やりたいことを一番にやっている。

楽しいことにできるだけ時間をかけていきたい。

２０２４年は僕にとって辛い年でもあったけれど、２０２５年はまた前を向いて歩いていきたい。

アメリカで出会った人たちは、いつも今を生きている。自分の気持ちに正直になったとき初めて、自分の気持ちを体現して生きている人が見える。そんな人との出会いが自由な感覚をもたらし、新しい人生の道を切り開く。

16歳でアメリカに渡った僕は、多くの経験をして、自分と向き合い、ワクワクすることばかりに囲まれている。毎日、チャレンジャーとして生きている。

アメリカに来て自分の世界が広がったように、まだまだ見ていない世界が存在する。日本を外から見て日本の見方が大きく変わった。それと同じく、地球を外から見たとき、そこにはどんな世界が存在するのだろうか。ワクワクが止まらない。

２０２５年４月

はるき

ブックデザイン：大場君人
カバーイラスト：MaisonYuda
編集協力：百瀬しのぶ
DTP：エヴリ・シンク
校正：山崎春江

〈著者紹介〉
はるき
NY Vlogger。1997年生まれ、兵庫県出身。16歳で初めて渡米。ホームステイをきっかけにアメリカの文化が好きになり、日本の高校卒業後ニューヨーク州立大学へ入学、2020年卒業。
YouTubeチャンネルでは、海外での友人とのVlogをニューヨーク州、ニュージャージー州、フロリダ州から配信しており、国際恋愛、日常Vlog、ヘアーカット動画は100万回以上再生されるなど人気コンテンツに。また、アメリカでプロデューサーとしての仕事をしながら、日本人学生向けの奨学金「8ファンド」を設立するなど、日本の若者へ海外留学の機会を増やす活動も行っている。
著書に『ネイティブと秒で仲良くなれる！ NYのリア充英語』（大和書房）がある。
YouTube：@HarukiAnoku
Instagram：@hr.8ruki
X：@8rukiii

人《ひと》見《み》知《し》りだった僕《ぼく》がアメリカで9年《ねん》暮《く》らして見《み》つけた
超《ちょう》自《じ》分《ぶん》軸《じく》で夢《ゆめ》を叶《かな》える39のルール

2025年 4月28日　初版発行

著／はるき

発行者／山下　直久

発行／株式会社KADOKAWA
〒102-8177　東京都千代田区富士見2-13-3
電話　0570-002-301(ナビダイヤル)

印刷所／株式会社DNP出版プロダクツ
製本所／株式会社DNP出版プロダクツ

ISBN 978-4-04-605643-6　C0095